Weinsensorik

Julia Sevenich

Julia Sevenich

Weinsensorik

verkosten · vergleichen · beurteilen

av
BUCH

Die Autorin möchte Gerda Halbmeyer für die begleitende Durchsicht des Manuskriptes herzlich danken

Bildnachweis:

Umschlag vorne: Riedel Glas Austria (www.riedel.com)
Foto Antonia, Kitzbühel: S. 9
Markus Kaps, Kirchberg in Tirol: S. 20, 26, 32, 51, 58, 69, 70, 71, 72, 73
Julia Sevenich: S. 39, 54, 76, 90
Walter Kaltzin: S. 12, 16, 19, 24, 28, 35, 53, 60, 68, 79, 82
Weingartner Foto: S. 41, 64, 85, 93, 95, 96, 111
Stefan Söllner: S. 99
Schweizerische Brotinformation: S. 106, 112

Impressum:

Projektleitung: Alexandra Mlakar, avBUCH
Satz und Repro: Hantsch & Jesch PrePress Services OEG, A-2333 Leopoldsdorf
Druck: freiburger graphische betriebe, D-79108 Freiburg

ISBN 3-7040-2074-5

Vorwort

Systematisch und kompetent! Endlich ist es da – das umfassende Werk über Weinsensorik für Anfänger und Fortgeschrittene. In präzisen Worten ist es Weinakademikerin Julia Sevenich gelungen, einen Leitfaden für das einfache Verstehen der Thematik zu entwickeln.
Noch nie gab es so eine Fülle von guten Weinen und noch nie so eine Vielzahl von Konsumenten, die sich für die Materie Wein interessieren. Sobald ein Weinfreund versucht, seine Sinneseindrücke zu beschreiben und das Stadium des bloßen Aufzählens seiner Vorlieben verlässt, stößt er erstmals an seine Grenzen. Ab hier bedarf es einer Analyse der Empfindungen und einer Sprache, die Gleichgesinnte verstehen. Mit den im Buch dargestellten Übungen gelingt es dem Anfänger rasch und einfach, erste Schritte in Richtung Weinkennerschaft zu setzen.
Für Produzenten und Händler hat die Beurteilung von Wein allergrößte Bedeutung. Sie finden hier in kompakter Form eine Anleitung zur sicheren Einschätzung von Qualität in allen ihren Merkmalen. Besonders beachtenswert sind die Ausführungen über den Tast- und Geschmackssinn, in welchen neue Forschungsergebnisse Eingang gefunden haben.
Wein hat seinen traditionellen Platz an der Tafel. In unbeschwerter Weise finden im abschließenden Kapitel Wein und Speise zueinander. Ohne die Langatmigkeit einer Aufzählung führt Julia Sevenich in die hohe Schule der Kombination von Essen und Trinken ein, die Leib und Seele zusammenhält.
Die Weinakademie Österreich als die größte deutschsprachige Aus- und Fortbildungsinstitution für Wein ist seit über zehn Jahren bemüht, den Absolventen das Wissen für strukturierte Verkostungstechnik mitzugeben – sowohl für den privaten Weinliebhaber als auch den professionellen Verkoster. Dieses Buch leistet einen wertvollen Beitrag für die Entwicklung einer gemeinsamen „Weinsprache".

Dr. Josef Schuller, MW
Geschäftsführer der Weinakademie Österreich

Einleitung

Wein wird gemacht und konsumiert, um genossen zu werden. So liegt nahe, dass die sensorische Analyse von Weinen der beste Weg ist, Weinqualität zu beurteilen. Obwohl moderne Wissenschaft es ermöglicht, Wein bis in sehr kleine Details zu analysieren, bleibt das sensorische Gutachten unersetzlich. Schon in den Weingärten lange vor der Kelterung der Weine kann der Zucker- und der Säuregehalt der Trauben gemessen werden. Dennoch wird die endgültige Entscheidung über Ausgewogenheit, physiologische Reife und Erntezeitpunkt erst nach Tasten und Verkosten der Trauben durch den Winzer gefällt. Es gibt keine schnellere und effizientere Methode, die Vinifikation zu verfolgen, als durch kontinuierliche Probungen. Für fundierte Ein- und Verkaufsentscheidungen benutzt der Weinhändler eine systematische Technik der Weinsensorik, mit der er Weine vergleicht und beurteil. Ein erfahrener Verkoster kann sehr aufschlussreich proben, Fehler aufdecken, die Herkunft und Vergangenheit eines Weines eruieren und die Zukunft und das Potenzial eines Weines voraussagen. Nicht nur Winzer und Weinhändler haben das Bedürfnis zu beschreiben, wie ein Wein empfunden wird, auch der Weinkonsument will seine Erfahrungen und Beurteilungen artikulieren und vermitteln.

Würde sich die Beurteilung eines Weines ausschließlich daraus ergeben, was wir durch und auf unserer Zunge vermittelt bekommen, würde dieses Buch einfach „Weinverkosten“ heißen. Einen Wein zu beurteilen bedarf aber vier unserer Sinne – Sehen, Riechen, Schmecken und Tasten – und wird deshalb Weinsensorik genannt. Weinsensorik ist keine mysteriöse Disziplin für ein paar Elitefachleute, sondern eine erlernbare und verlässliche Technik, Weine zu vergleichen, zu beurteilen und zu beschreiben. Dabei wird das Aussehen eines Weines beurteilt, das Bukett analysiert und der Geschmack und das Mundgefühl definiert. Ein erfahrener Verkoster kann mit erstaunlicher Genauigkeit messbare Aspekte eines Weines wie Restzucker, Säure, Alkohol, Extrakt und sogar Aroma einschätzen. Aspekte wie Charakter, Struktur, Ausgewogenheit und Länge des Nachhalls können ausschließlich sensorisch wahrgenommen werden.

Weinsensorik für Branchenprofis und Konsumenten

Die sensorische Analyse eines Weines in Wörter zu fassen, ist vielleicht der anspruchvollste Teil der Weinsensorik. Das paradoxe Ziel einer Weinbeschreibung ist es, eine möglichst objektive, detaillierte und präzise Beschreibung einer subjektiven Erfahrung zu machen. Die kritische Meinung soll klar und sachlich definiert sein, aber der Verkoster soll dabei nicht auf den Ausdruck seiner Freude und seines Enthusiasmus verzichten. Nicht nur die Technik der Weinsensorik macht einen guten Verkoster aus – sondern auch seine Erfahrung. Mit zunehmender Erfahrung gelingt es ihm, sensorische Weinmuster wieder zu erkennen, Entwicklungsverläufe ins Gedächtnis zu speichern und daraus verlässliche Rückschlüsse zu ziehen.
Weinverkosten ist das Werkzeug für die Winzer, um bessere Weine zu produzieren, für Weinhändler, um qualitätsbasierte Ein- und Verkaufsentscheidungen zu treffen, und für Konsumenten, um gute Weine noch mehr zu genießen. So gesehen trägt Weinsensorik viel zu der immer besser werdenden Weinqualität bei.
Anders als die meisten Bücher zu dieser Thematik, richtet sich dieses Buch primär an Weinkenner und -professionelle,

wobei aber die Sprache einfach, unterhaltsam und zugänglich bleiben soll, sodass auch Einsteiger davon profitieren können. Das Buch ist in fünf Abschnitte gegliedert. Der erste vermittelt die Voraussetzungen für eine Weindegustation: Art der Degustation, Räumlichkeiten und Werkzeuge. Im zweiten Abschnitt werden die vier Sinne, die für die sensorische Analyse eines Weines eingesetzt werden, eingehend erklärt und die Aspekte, die Sie wahrnehmen sollen, werden detailliert beschrieben. Für jeden der vier Sinne der Weinsensorik (Sehen, Riechen, Schmecken, Tasten) werden Vokabel zur ihrer Beschreibung sowie Tipps und praktische Übungen, die die Wahrnehmungsfähigkeiten verfeinern, angegeben. Im dritten Abschnitt wird gezeigt, wie sich die verschiedenen Sinneseindrücke wie Puzzleteile zu einem kompletten Bild zusammenfügen, wie man Qualität und Wertschätzung beurteilt und vor allem, wie man Verkostungsnotizen verfasst. Der vierte Teil gibt einen kurzen Überblick zu typischen rebsortenspezifischen und geografischen Weinsensorikmustern sowie zur Erkennung von Weinfehlern und Erklärungen derer möglicher Ursachen. Der fünfte und letzte Teil dieses Buches ist dem Kombinieren von Wein mit Speisen gewidmet.

NUMANTHIA
HORITSCHON
IBY
ÖSTERREICH
1997
LF 032
WEINGUT
MS

Voraussetzungen zur Weindegustation

Lynne Sherriff (MW), Lektorin der österreichischen Weinakademie, hat die Kunst des Weinverkostens sehr treffend dargestellt: „Ein guter, kritischer Verkoster zu sein, hängt zu fünfzig Prozent von Erfahrung, zu vierzig Prozent von Gedächtnis und zu jeweils fünf Prozent von Talent und Intuition ab.“ Es gibt Menschen, die besonders ausgeprägte Geschmacks- und Geruchssinne haben und es wurde sogar mehrmals demonstriert, dass Frauen im Durchschnitt empfindlicher als Männer sind. Wie Linda Bartoshuk, Professorin an der Yale-Universität, USA, gezeigt hat, gibt es so genannte „Supertasters“ die mit überdurchschnittlich vielen Geschmacksknospen auf der Zunge ausgestattet sind. Geschmack ist aber nur einer von vier Sinnen, die in der Weinsensorik eingesetzt werden und selbst mit einer überdurchschnittlich starken Ausprägung eines der Sinne bedarf es auch des Wissens um Wein und Verkostungserfahrung, damit diese Fähigkeiten gezielt eingesetzt werden können. Man könnte theoretisch jahrelang Önologie und Weinbau studieren, ohne jemals ein Glas Wein verkostet zu haben, aber erst das praktische Verkosten von Weinen wird die ganze Dimension dieses Wissensgebietes zeigen. Gute Verkoster werden weder einfach geboren, noch kann dieses Fach auf rein theoretischer Ebene studiert werden. Weinsensorik muss man erfahren.

Warum verkostet man Weine?

Wein ist ein lebendiges Produkt, eines der wenigen Genussmittel, das sich mit seiner Alterung verbessern kann. Es gibt viele Gründe, Wein während seines ganzen Reifungsprozesses zu verkosten; einige sind:

- Der Winzer verkostet seine Weine in allen Stadien seiner Vinifikation, um Qualität zu kontrollieren und Entscheidungen über Ausbau, Maturation, Verschnitt und Abfüllzeitpunkt zu treffen.

- Proben für Qualitätsweine werden in fast jedem Weinbauland von staatlichen Autoritäten hinsichtlich Qualität und Typizität überprüft.
- Es gibt Weinwettbewerbe bei Messen, Fachzeitschriften und Konferenzen. Probeflaschen werden eingereicht und von einer Verkostungsjury beurteilt. Weinproduzenten bekommen so Anerkennung für ihre Bemühungen und die Resultate dieser Verkostungen werden von interessierten Konsumenten verfolgt.
- Weinhändler und Produzenten verkosten Weine aus Fass und Flasche, um Einkaufsentscheidungen bzw. falls noch im Fass gekauft wird, auch Ausbauentscheidungen zu treffen.
- Weinhändler veranstalten Verkostungen für Wiederverkäufer und Konsumenten, um ihre Weine zum Verkauf zu präsentieren.
- Weinfachjournalisten verkosten Weine, damit sie die Leser ihrer Zeitschriften über Weine auf dem aktuellen Markt informieren können. Der Einfluss mancher dieser Kritiker ist in den letzten Jahren signifikant geworden.
- Weinliebhaber und -sammler verkosten Weine aus dem eigenen Keller, um ihre Entwicklung zu beurteilen, sie zu bestimmten Anlässen oder Essen auszuwählen oder darüber mit Gleichgesinnten zu diskutieren.
- Es gibt für Mitarbeiter der Weinbranche und für Konsumenten Verkostungen im Rahmen von Schulungen und Vorträgen mit dem Ziel, deren Wissen und Erfahrung zu vertiefen.

Anhaltspunkte für professionelles Weinverkosten

Das Ziel einer Verkostung bestimmt oft die Art der Durchführung. Es ist natürlich

möglich, einen Wein isoliert zu verkosten, aber seine Qualitäten können viel besser verdeutlicht und beurteilt werden, wenn man ihn mit anderen, ähnlichen Weinen vergleicht. Unabhängig vom Kontext, in dem verkostet wird, steigt der Wert und die Relevanz einer Beurteilung mit der Anzahl der dabei verglichenen Weine. Verschiedene Weine sollen immer verdeckt (blind) verkostet werden, um eine Beeinflussung durch Namen, Preis etc. auszuschließen. Verglichen werden meist Weine, die aus der gleichen Traubensorte vinifiziert werden, aus dem gleichen Gebiet stammen oder die eine ähnliche Stilrichtung haben.
Horizontalverkostung bedeutet, dass Weine des gleichen Jahrgangs verglichen werden. Bei einer Vertikalverkostung werden verschiedene Jahrgänge des gleichen Weines verkostet.

Formelle Verkostungen bieten die Möglichkeit, viele Weine nebeneinander zu vergleichen. Um davon möglichst gut profitieren zu können, gibt es einige Anhaltspunkte, die man beachten soll:

- **Rauchverbot.** Es ist nicht nur unhöflich, in einem Verkostungsraum zu rauchen, es beeinträchtigt die Wahrnehmungsfähigkeit feiner Nuancen des Aromas eines Weins, ganz besonders für Nichtraucher. Es stimmt aber nicht, dass Raucher schlechte Verkoster sind. Wie ich oft bei Kollegen feststelle, gewöhnt sich der Gaumen an das Rauchen. Unvorteilhaft scheint nicht das regelmäßige, sondern das gelegentliche Rauchen. Als Nichtraucherin kann ich nur feststellen, dass mein Geschmackssinn für Tage beeinträchtigt wäre, würde ich nur einige Züge einer Zigarette rauchen.
- **Kein eigener Duft.** Bei einer Verkostung ist es verpönt, stark duftende Kosmetika, Bekleidung oder Parfum zu tragen. Die eigene Wahrnehmung gewöhnt sich zwar an einen Duft, aber aus Rücksicht auf die Mitverkoster soll man weder direkt aus dem Pferdestall, noch aus der

Im Rahmen von Fachmessen stellen Winzer dem Fachpublikum ihre Weine vor.

Parfümerie zu einer Weinverkostung gehen. Insgesamt wird erwartet, frisch, sauber, gepflegt und möglichst duftfrei zu erscheinen.

- **Blindverkosten.** Sogar der disziplinierteste Verkoster wird von der Flaschenetikette beeinflusst, im negativen und im positiven Sinn. Um möglichst objektiv zu bleiben und zu ehrlichen, dadurch manchmal vielleicht überraschenden Ergebnissen zu kommen, ist die Verdeckung der zu verkostenden Weine eine strenge Bedingung.
- **Keine störenden Gespräche.** Bei professionellen Verkostungen, bei denen an Tischen sitzend verkostet wird, ist Ruhe und Zurückhaltung erforderlich. Meinungen, ausgedrückt durch Wort oder Geste, sollen erst nach der Verkostung mitgeteilt werden. Jeder Verkoster soll die Gelegenheit haben, unbeeinflusst seine eigene Meinung zu bilden.

- **Ausspucken.** Alkohol dämpft die Wahrnehmungsfähigkeit der Sinne. Wenn man den letzten Wein genauso gut wie den ersten beurteilen möchte, ist es notwendig, die Weine nicht zu schlucken, sondern auszuspucken. Unabhängig davon, wie groß oder teuer die Weine sind, sollte man sich nicht verleiten lassen, während einer ausgedehnten Verkostung die Weine zu trinken. Es ist üblich und wird bei Weinverkostungen auch erwartet, auszuspucken. Daher sollen Spucknäpfe bei jeder Verkostung aufgestellt werden. Niemand kann behaupten, ausspucken sei elegant, aber es ist möglich, dies mit etwas Übung sauber und halbwegs „würdevoll" auszuführen. Mit einem Taschentuch kann man dabei noch eventuelle Resttröpfchen von den Lippen entfernen.
- **Pausen einhalten.** Geübte Verkoster können bis zu dreißig Weine in einem Durchgang und an einem Tag bis ca. hundert Proben verkosten und beurteilen. Richtig ist es, Weine in ähnliche Gruppen aufzuteilen und Pausen einzulegen, sobald die Konzentration nachlässt. Ein kleiner Spaziergang an der frischen Luft erfrischt und macht den Kopf wieder frei. Brot und Wasser stehen auch meist zum Neutralisieren bereit. Mein erfahrener Kollege aus Israel, Daniel Rogov, empfiehlt, eine kleine Plastiktüte mit ungesalzenem gekochtem Reis zu großen Verkostungen mitzunehmen. Tatsächlich gibt es keine bessere Methode, den Gaumen auch nach dem Verkosten von sehr intensiven Weinen zu neutralisieren, als sich zurückzuziehen und den Reis sehr gut durchzukauen, ins WC zu spucken und den Mund mit Wasser gut auszuspülen.
- **Reihenfolge beachten.** Man versucht, Weine in ähnliche Gruppen aufzuteilen und diese in einer vorteilhaften Reihenfolge zu verkosten: trockene vor süßen, junge vor alten, einfache vor komplizierten Weinen. In der Regel verkostet man auch

weiße vor roten Weinen, aber im Falle von leichten Rotweinen und viskösen, süßen Dessertweinen zieht man doch die Rotweine vor.

- **Zahl der Weine eingrenzen.** Einige meiner Kollegen behaupten, mehr als hundert Weine an einem Tag beurteilen zu können. Bei dieser Zahl an Weinen halte ich es für unrealistisch, mehr als einen oder zwei essenzielle Aspekte notieren zu können. Als Anfänger soll man sicherlich nicht mehr als sechs bis zwölf Weine verkosten. Mehr ist verwirrend und man kann keine direkten Vergleiche zwischen dem ersten und dem letzten Wein mehr ziehen. Mit mehr Übung kann man sich dann zutrauen, dreißig bis sechzig Weine zu verkosten. Bei großen Veranstaltungen mit hunderten oder sogar tausenden präsentierte Weinen ist es wichtig, im Vorfeld zu entscheiden, welche Weine man verkosten will und sich einen Zeitplan inklusive Pausen auszuarbeiten. Der Versuchung zu verfallen, möglichst viele Weine zu verkosten, endet meist damit, dass man einige der interessantesten Weine auslässt oder ihnen nicht mehr genügend Zeit widmen kann.
- **Physikalische Hinderungen minimieren.** Es ist sinnlos zu erwarten, Weine konsequent beurteilen zu können, wenn man stark verschnupft oder von Heuschnupfen geplagt ist. Der Restgeschmack von Zahnpasta ist auch störend und eine halbe Stunde Pause zwischen Zähneputzen und Verkosten ist empfehlenswert. Insgesamt sollte auf das Essen nicht besonders neutraler Speisen während einer Weinverkostung verzichtet werden. Eine Ausnahme stellt die Suche nach einem Wein zu einer bestimmten Speise dar. Ein professioneller Verkoster sollte auch vorsichtig mit sehr heißen Speisen und Getränken sein, denn eine verbrühte Zunge kann nicht gut verkosten.
- **Verkostungsnotizen machen.** Wie bereits erwähnt, benötigt ein Verkoster ein gutes Ge-

dächtnisvermögen. Der beste und zuverlässigste Weg dies auszubauen und zu unterstützen ist es, Verkostungsnotizen zu machen. Diese sollen mindestens den Namen und Jahrgang des Weines, eine kurze Beschreibung und eine Meinung beinhalten. Dem Verfassen von Verkostungsnotizen ist ein eigenes Kapitel in diesem Buch gewidmet. Eine Kopiervorlage für Verkostungsnotizen findet man in der hinteren Umschlagklappe.

Wie organisiert man eine Verkostung?

Das Ziel einer Weinverkostung ist es meistens, entweder ein Weinsortiment zu Verkaufszwecken zu präsentieren oder einfach mehr über Wein zu lernen. In beiden Fällen möchte man die Weine in vorteilhafter Weise einem interessierten Publikum präsentieren. Die erste notwendige Entscheidung ist, welche und wie viele Weine verkostet werden sollen und für welche und wie viele Leute man präsentieren möchte. Unabhängig vom Umfang einer Verkostung sind einige essenzielle Details zu beachten:

Ein perfekter Verkostungstisch

- **Tische.** Tische sollen stabil sein und gleichgültig, ob im Sitzen oder Stehen verkostet wird, sollen sie von normaler Esstischhöhe sein. Sind die Tische zu hoch oder zu breit, wird nicht nur das Servieren erschwert, sondern auch das Verkosten selbst.
- **Tischbedeckung.** Da ein weißer Hintergrund notwendig ist, um das Aussehen eines Weines zu beurteilen, ist eine weiße Tischbedeckung in Form von Tischtuch oder Papierrolle notwendig.

Die Wahl des richtigen Glases ist sehr wichtig für die Weindegustation.

- **Beleuchtung.** Tageslicht ist die beste Beleuchtung für die Beurteilung des Aussehens eines Weins. Die beste Alternative dazu sind Voll-Spektrum-Tageslichtlampen. Neonröhrenbeleuchtung verfälscht die Farbe eines Weines und lässt einen Rotwein dumpfer, dunkler und etwas blauer erscheinen als er tatsächlich ist.
- **Flaschenöffner.** Jeder Bedienungsmitarbeiter sollte mit einem Flaschenöffner ausgestattet sein. Wichtig ist es, dass die Windung der Schraube eine „Seele" hat, sodass ein Zündholz durch die Mitte der Windung gesteckt werden kann. Persönlich bevorzuge ich den Pulltap. Mit seiner beschichteten Schraube lässt er sich mühelos in den Kork oder Kunststoffstoppel drehen und mit seinem zweistufigen Hebel kann der Stoppel ohne Kraftaufwand aus dem Flaschenhals gezogen werden. Zum Kapselköpfen funktioniert das kleine scharfe Messer des Pulltaps tadellos.
- **Gläser.** Die Wahl des richtigen Glases ist von essenzieller Wichtigkeit für die Weindegustation. Natürlich sollen Gläser sauber und geruchsfrei sein. Das Glas soll tulpenförmig sein, um die Konzentration der Weinaromen zu fördern. Es soll farblos, durchsichtig und ohne jegliche Verzierung sein und dadurch die ungehinderte Beurteilung von Klarheit und Farbe des Weines ermöglichen. Das Glas soll aus Kristall sein, dünnwandig und ohne Rollkante. Ein Glas mit Stiel lässt sich leichter schwenken und ein unerwünschter Temperaturanstieg durch Handwärme wird vermieden. Das Glas soll ein ausreichendes Fassungsvermögen haben, damit sich die Weinaromen voll entfalten können. Von einigen Produzenten werden Gläser, welche die Richtlinien des Deutschen Instituts für Normung von Weinprüfgläsern erfüllen, hergestellt. Diese Weinprüfgläser eignen sich für die Verkostung von

Weiß- und Rotweinen und bei Ausstattung mit einem Moussierpunkt auch für Schaumweine. Bei einer formellen Verkostung im Sitzen und bei internationalen Weinbewertungen wird jedem Verkoster ein Glas pro Wein zur Verfügung gestellt. Bei großen öffentlichen Verkostungen wird Gästen oft nur ein Glas gereicht. Wenn man von einem Weinstil zu einem anderen wechselt, kann man entweder mit Wasser gut ausspülen oder das benutzte Glas gegen ein frisches eintauschen. Die Organisatoren sollten für genügend Gläser sorgen. Um auch Bruch und verlorene Gläser einzukalkulieren, ist etwa mit drei Gläsern pro Person zu rechnen.

- **Glaspflege.** Die Wahl eines geeigneten Weinprüfglases ist vergebens, wenn die Pflege nicht sachgemäß durchgeführt wird. Zum Reinigen wählt man parfumfreies Spülmittel und sehr heißes Wasser. Danach sollte gründlich mit kaltem Wasser gespült und mit einem geruchfreien Leinentuch poliert werden. Weingläser sollen aufrecht stehend an einem staub- und geruchfreien Ort aufbewahrt werden. Glas ist ein empfindliches Material, das Gerüche aus seiner Umgebung leicht aufnimmt. Stehen Gläser mit dem Kelch nach unten auf Plastik, lackierten Oberflächen oder auf feuchten Spültüchern, nehmen sie nach wenigen Minuten Fremdgerüchen auf. Auch Gläser, die im Schrank oder im Karton stehen, riechen häufig unangenehm. Um dies zu vermeiden, sollte man vor dem Einschenken am Glas riechen. Ist es nicht absolut geruchsfrei, spült man es entweder mit klarem Wasser oder mit Wein aus.
- **Spucknäpfe.** Bei einer Verkostung im Sitzen soll man mit einem Spucknapf pro Person, höchstens pro zwei Personen rechnen. Bei Verkostungen im Stehen sollen bei jedem Verkostungstisch genügend Spucknäpfe vorhanden sein, sodass von jedem Stehplatz einer in Reichweite

ist. Ein Spucknapf soll undurchsichtig sein und entweder einen Spritzschutzdeckel haben oder mit etwas Sägemehl gefüllt sein. Spucknäpfe sollen natürlich immer wieder ausgeleert werden.

- **Kübel.** Leere Magnumflaschen mit Trichtern oder Kübel sollen aufgestellt sein, um überschüssigen Wein aufzufangen. Der Verkoster kann den restlichen Wein im Glas dort entleeren, bevor er zum nächsten Wein übergeht. Mindestens ein Kübel pro Verkostungstisch ist notwendig.
- **Dropstopp.** Diese Kreise, meist aus metallischem Material, werden eingerollt und in den Flaschenhals gesteckt. Sie vermeiden das Tropfen auf die Tischbedeckung und Hände des Servierpersonals.
- **Wasser.** Frisches, neutrales Wasser mit oder ohne Kohlensäure soll in ausreichender Menge vorhanden sein. Dies ist notwendig zum Ausspülen der Gläser zwischen den einzelnen Weinen, und auch für die Verkoster, um die Gaumen immer wieder zu neutralisieren.
- **Weißbrot.** Etwas Weißbrot zur Neutralisierung der Gaumen ist erwünscht.
- **Weintemperierungsmöglichkeit.** Weine sollen bei ihrer jeweiligen idealen Temperatur verkostet werden können. Je wärmer der Wein ist, desto leichter werden Düfte freigesetzt. Daher werden Weine zu Bewertungszwecken etwas wärmer als in ihrer idealen Trinktemperatur verkostet. Meist dient bei der Temperaturwahl die Farbe des Weines als erstes Kriterium, aber wichtiger wäre, sich an Süße, Säure, Tanningehalt und Körper zu orientieren. Kühle Temperatur lässt Süßweine weniger pickig wirken und Säure erscheint erfrischender. Eine etwas wärmere Temperatur lässt tanninreiche Weine weniger adstringierend im Mund wirken. Je schwerer und körperreicher die Weine sind, desto wärmer müssen sie sein, um Düfte freizusetzen. Ist kein Weintemperierungs-

schrank vorhanden, gibt es viele andere Methoden, Weine auf die richtige Temperatur zu bringen. Ein Eiskübel ist die schnellste, jedoch nasseste Methode zum Kühlen einer Flasche. Rapid-Ice-Flaschenmanschetten sind fast so schnell und praktischer. Um Weine zu wärmen, kann man sie am einfachsten in einen warmem Raum stellen, am schnellstens wärmen sie in einem Kübel warmen Wassers.

- **Dekantierungszubehör.** Da viel Depot den Wein nicht nur dumpf und matt ausschauen lässt, sondern auch weniger sauber riechen und schmecken lassen kann, sollten Weine mit viel Depot dekantiert werden. Dafür werden Flaschenkörbe, saubere, geruchsfreie Karaffen und Kerzen benötigt. Man nimmt eine Flasche älteren Rotweins vorsichtig, in horizontaler Position verbleibend und legt sie, ohne zu rütteln in einen Flaschenkorb. Nach Entfernen der Kapsel und des Korkens, nimmt man die Flasche vorsichtig in eine Hand, in die andere die Karaffe. Man lässt Kerzenlicht durch Flaschenhals und -schulter scheinen während man den Wein langsam an der Karaffeninnenseite hinunter fließen lässt. Sobald man Depot in Richtung des Flaschenhalses bemerkt, ist das Dekantieren aufzuhalten.
- **Verkostungsliste.** Von zentraler Bedeutung bei der Organisation einer guten Verkostung ist es, die Möglichkeit zu schaffen, zu den verkosteten Weinen Notizen machen zu können. Jeder Gast soll eine Liste der zur Verkostung gebotenen Weine mit genügend Platz für Verkostungsnotizen bekommen. Die Weine sollen mit Angabe des Produzenten, des Jahrgangs und Preises in der Reihenfolge der Verkostung aufgelistet sein. Im Fall von sehr großen Verkostungen führt man sie gruppiert nach Produzenten und Weinbaugebieten an.

Unsere Sinne

Das Trinken von Wein ist wie das Hören von Musik oder das Betrachten von Gemälden ein sinnlicher Genuss, den man auch relativ passiv und unreflektiert ausüben kann. Weinsensorik jedoch ist eine sehr bewusste Disziplin mit dem Ziel, die sensorischen Aspekte eines Weines zu analysieren und zu beurteilen und so den Wein noch mehr schätzen und genießen zu können.

Das Wort Geschmack hat zwei Bedeutungen. Im physikalischen Sinn beschreibt Geschmack die Sinneswahrnehmung, die auf der Zunge stattfindet. Die zweite Bedeutung hängt mit ästhetischen Werten zusammen und dem Vergleich an gewissen Maßstäben und Idealen. Der Zugang zum Weingenuss findet mit unseren Sinnen und unserem Intellekt statt. Wir sehen die funkelnde Pracht eines Weins im Glas, wir riechen ein reiches Spektrum an Düften und am Gaumen nehmen wir Aroma, Geschmack und Textur wahr. Wir diskutieren darüber und manchmal, wenn es sich um einen wirklich großen Wein handelt, philosophieren wir gar. Nicht jeder Wein ist Kunst, aber genauso wie Essen kann er das sinnlichste Medium für Kunst überhaupt sein. Man kann auch Wein selbst als eine Kategorie der Kunst auffassen. Es handelt sich dann um eine selbstlose Kunstform, denn ihre Würdigung geht unweigerlich mit ihrem Konsum und damit ihrer Vernichtung einher.

So klangvoll das Entfernen eines Stoppels aus dem Hals einer Champagnerflasche auch ist oder wie anregend eine Geräuschkulisse eines heiteren Gesprächs von Gleichgesinnten über ein Glas Wein – der Hörsinn wird als einziger der fünf Sinne nicht direkt in der Weinsensorik eingesetzt. Wissenschaftliche Erkenntnisse haben gezeigt, dass die Sensibilität der Sinne von Mensch zu Mensch stark variiert. Linda Bartoshuk, Professorin an der Yale-Universität dokumen-

Wissen und Erfahrung erlauben dem Verkoster, Weine zu erkennen und zu verstehen.

tierte, dass ca. zwanzig Prozent der Bevölkerung mit einer überdurchschnittlich großen Zahl an Geschmacksknospen ausgestattet sind. Da diese Menschen auf Geschmackskomponenten viel empfindlicher reagieren, nannte die anerkannte Wissenschaftlerin sie „Supertasters". Trotz dieses genetischen Vorsprungs sind „Supertasters" nicht unbedingt bessere Weinverkoster. Mit dem Geschmacksinn nehmen wir Süße, Säure, Salzigkeit, Bitterkeit und Umami wahr, aber es gibt noch viele andere Aspekte wie zum Beispiel Farbe, Aroma, Textur und Dauer des Abgangs, für die wir unsere anderen Sinne einsetzen. Allein durch die optische Wahrnehmung und das Riechen eines Weines können wir üblicherweise viel mehr über ihn ableiten als von seinem Geschmack. Weiters ist nicht unsere potenzielle Sensibilität bestimmter Sinnesorgane ausschlaggebend, sondern wie wir die sensorischen Aspekte eines Weines interpretieren. Genauso wie bei Musik oder Kunst lernt der Betrachter erst mit Erfahrung und Wissen Form, Farbe und Textur zu erkennen, Harmonie und Kontrast zu verstehen. Konzentration, Erfahrung und Gedächtnis sind die Werkzeuge der Weinsensorik, mit denen wir Muster und Variationen wahrnehmen und interpretieren. Der Weinkritiker sollte wie der gute Kunstkritiker versuchen, seine persönlichen Vorlieben auszuklammern und die Attribute eines Weines so objektiv als möglich zu beurteilen. Trotz individuell oft unterschiedlicher Voraussetzungen in der genetischen Disposition der Sinnesorgane sind erfahrene Weinverkoster meist der gleichen Meinung, wenn es um Ausgewogenheit, Charakter, Finesse und Potenzial eines Weines geht.

Die Schwierigkeit für den Anfänger liegt darin zu erlernen, wie man nach sensorischen Mustern sucht und zu erkennen, was man eigentlich suchen soll. Dieses Buch stellt die Schritte der Weinsensorik systematisch dar und in Kombination mit zunehmender Erfahrung wird die hier vermittelte Technik es ermöglichen, die sensorischen Aspekte eines Weines zu erkennen und zu interpretieren. Obwohl im Mund drei unserer Sinne eingesetzt werden (retronasales Riechen, Schmecken und Tasten) wird jedoch zuerst gezeigt, wie man sich isoliert auf jeden dieser Aspekte konzentrieren, kann bevor man die gewonnenen Eindrücke zu einem Gesamtbild zusammenfügt. Für jeden der vier Sinne werden mögliche Entstehungsursachen und Bedeutungen der verschiedenen Komponenten angeführt. Dabei ist es wichtig, sich immer bewusst zu sein, wie die erlebten Wahrnehmungen sprachlich artikuliert werden können. Unsere Sinne werden von physikalischen oder chemischen Stimuli automatisch aktiviert und an unser Gehirn wird eine Botschaft vermittelt. Unsere Sinne werden kontinuierlich mit Stimuli bombardiert, aber bis zur bewussten Verarbeitung durch unser Gehirn bleibt unsere Wahrnehmung meist passiv. Als Beispiel zur Verdeutlichung kann man an Hintergrundmusik denken: ob im Wartezimmer oder Restaurant, sie scheint uns immer zu begleiten. Wir nehmen sie meist erst überhaupt wahr wenn wir uns bewusst darauf konzentrieren und das Lied nennen oder beschreiben wollen. Die Fähigkeit unserer Sinne, Botschaften zu vermitteln, übertrifft bei weitem unsere Fähigkeit, diese auch zu artikulieren. Es werden deshalb für jeden Aspekt der vier Sinnesorgane Vokabel vorgeschlagen, die dazu dienen, diese Botschaften zu eruieren und effizienter identifizieren zu können.

Die Augen offen halten

Jeder erfahrene Verkoster weiß, dass Hinweise zu Herkunft, Traubensorte, Alter und Trinkreife bei der optischen Wahrnehmung geliefert werden und dies wird genutzt, um bei Blindverkostungen brillieren zu können. Sehen ist wohl nicht der wichtigste Sinn für die Weinsensorik, aber es ist der erste, der eingesetzt wird. Dabei muss die hier gewonnene Information erst von den anderen Sinnen bestätigt oder widerlegt werden. Vom Aussehen eines Weines können wir meist wenig endgültige Schlüsse über die Qualität ziehen. Das Aussehen des Weines kann dem Verkoster in einer Blindverkostung wie schon

Die Klarheit und Leuchtkraft des Weines ist ein wichtiger Hinweis auf die Qualität.

erwähnt vielfältige Hinweise liefern. Primäre Funktion der optischen Wahrnehmung ist aber das Erkennen von Klarheit, typischen oder untypischen Farben, Kohlensäure und Viskosität. Für jeden Weinstil und jedes Alter gibt es bestimmte Standards und meist sind starke Abweichungen davon für den Verkoster ein Zeichen, das auf Fehler oder unerwünschte Entwicklungen hinweist.

Aspekte des Sehens und Vokabel zur Beschreibung

Klarheit und Leuchtkraft

Die Klarheit eines Weines ist ein wichtiger Hinweis auf seine Qualität. Ist ein Wein trüb und ist dies nicht auf aufgerührte Sedimente (siehe Seite 99: Weinfehler) zurückzuführen, sollte man skeptisch sein, da dies ein Zeichen für mikrobiologische Aktivität sein könnte, welche einen Weinfehler verursachen kann. Die Kraft, mit der die Oberfläche Licht reflektiert, hängt mit der Frische des Weines und dem Säuregehalt zusammen. Ein mattes oder dumpfes Erscheinungsbild kann ein Hinweis auf mangelnden Säuregehalt sein und geht möglicherweise mit einem müden Geschmack einher. Wein von guter Qualität hat eine strahlende Erscheinung mit vielen

Reflexen. Kristalle werden vor allem in Weißweinen oder gespriteten Weinen entdeckt. Diese stammen von Salzen der Weinsäure, welche während eines plötzlichen Temperaturabfalls auskristallisieren können und sie haben keinen Einfluss auf das Weinaroma. Ebenso können ältere Weine, vor allem Rotweine, harmloses Depot abwerfen. Vokabelvorschläge zur Beschreibung der Klarheit und Leuchtkraft: leuchtend klar, strahlend und transparent, matt und wolkig oder trüb und dumpf.

Farbe

Im Allgemeinen entwickelt sich die Farbe von Weinen mit ihrem Alter. Rotweine gehen vom Purpur über Rubin und Granat zum Ziegelrot bis zum Bernsteinrot. Weißweine können zu Beginn ihrer Entwicklung nahezu farblos oder sehr blassgrün bis gelb sein und werden zunehmend strohgelb, golden oder kupfern und schließlich bernsteinfarben. Also werden sowohl Rot- als auch Weißweine mit dem Alter zunehmend bräunlich, aber Weißweine nehmen an Farbstärke zu, während diese bei Rotweinen abnimmt. Die Farbe kann man am besten unmittelbar innerhalb des Randes bestimmen.

Herkunft der Farbe

■ **Rotweine**

Das Fruchtfleisch von Weintrauben ist fast immer farblos. Die Weinfarbe stammt von den Weinbeerenschalen und beruht auf rot-blauen Anthocyanen, reaktionsfreudigen chemischen Verbindungen, deren Grundbaustein Phenol (C6H5OH) ist. Die Pigmentkonzentration ist abhängig von der Rebsorte, der Reife der Trauben und dem Wetterverlauf des jeweiligen Jahrgangs. Die beiden primären Polyphenolgruppen Anthocyane und Tannin, die für die Weinfarbe verantwortlich sind, werden aus den Beerenschalen während der Kelterung entzogen. Die eingemaischten Beeren geben ihre Pigmente an den Most ab. Der durch die Gärung entstehende Alkohol beschleunigt diesen Extraktionsprozess. Wie viele Pigmente in den Wein gelangen hängt nicht nur von der Beerengröße, der Dicke der Schale und Einheitlichkeit der Beerenreife, sondern auch von Kelterungsverfahren wie Maischezeit und -temperatur und Extraktionstechniken ab. Einen noch stärkeren Einfluss auf den Farbton als die Traubensorte hat der Säuregehalt des Mosts. Je säurehaltiger der Most ist, desto leuchtender ist grundsätzlich die Farbe des Weines. Abweichungen von diesem Grundsatz sind möglich, wenn die Trauben unzureichend reif sind oder weniger Anthocyane enthalten. Anthocyane sind von purpurner Farbe, aber diese Farbe ist relativ instabil und verschwindet früher als die Farbe von pigmentiertem Tannin. Die Farben von Tanninen sind orange, bernsteinfarben und gelb. Im Verlauf der Alterung bilden Anthocyane und Tannine größere Moleküle, die schließlich als Depot ausfallen können. Da Anthocyane reaktionsfreudiger als Tannine sind, ist Purpur die erste Farbe, die ausfällt und die orange- und ziegelfarbenen Tannine kommen zum Vorschein. Wegen der günstigen Wirkung kleiner Mengen von Sauerstoff auf Phenole haben Rotweine, die einem Holzfassausbau unterzogen waren, eine stabilere Farbe als nicht fassgereifte. Der Zeitrahmen für Farbänderungen ist unterschiedlich und hängt von Traubensorte, Herkunft und Jahrgang ab.

■ Weißweine

Die Farbe von Weißweinen stammt ebenfalls von Polyphenolen, die in den Traubenschalen enthalten sind, aber anstatt rotblauen Anthocyanen wie bei Rotweinen absorbieren diese Phenole weitgehend im ultravioletten Lichtbereich. Obwohl die Dauer des Saftkontakts mit den Schalen kürzer und die Quantität an Polyphenolen niedriger ist als bei Rotweinen, kommen während des Kelterns durch Kontakt mit Sauerstoff, Säuren und anderen Mostinhaltsstoffen sichtbare Farbänderungen zustande. Rebsorte, Reife der Trauben, Klima und Vinifikationsmethoden haben bei Weißweinen ebenso Einfluss auf die Farbe. Wie bei blauen Trauben haben Phenole bei weißen Sorten von sich aus unterschiedliche Zusammensetzungen und manche reagieren dabei stärker auf Oxidierung oder Polymerisierung als andere. Da Hefezellen einen Teil der bräunlich polymerisierten Stoffe aufnehmen, haben junge Weißweine, die eine Fassgärung und Lagerung auf der Hefe durchgemacht haben, eine hellere Farbe als solche, die in Edelstahl vergoren und dann im Holzfass gereift wurden.

■ Roséweine

Roséweine werden heute durch zwei verschiedene Verfahren erzeugt. Die meist verbreitete Methode Rosé zu erzeugen, ist eine kurze Maischung von Rotweintrauben, bis das gewünschte Maß an Farbe angenommen wird. Danach wird gepresst und der Most von den Schalen getrennt und weiter wie bei Weißwein gekeltert. Manche sehr einfache Roséweine werden einfach durch Beimischung einer kleinen Menge Rotwein zu einem Weißwein produziert (in der EU grundsätzlich verboten). Interessanterweise werden in der Champagne roséfarbene Schaumweine meist durch die zweite Methode produziert.

Beschreibungsvokabel für Farbe und ihre mögliche Bedeutung

■ Rotweine

Purpur: Deutet auf einen sehr jungen oder einen noch nicht trinkreifen Wein hin. Fast alle Rotweine sind im Fass noch purpurfarben, verlieren aber ihre Blautöne mit der Flaschenlagerung. Wie lange es dauert, bis die Purpurfarbe verschwindet, hängt von der ursprünglichen Farbintensität ab, aber auch Rotweine, die sehr reduktiv gekeltert werden, können sehr lange ihre Blautöne behalten.
Rubin: Diese Farbe ist frei von starken Blautönen, zeigt aber auch keine Anzeichen von Orange- oder Ziegelfarbe. Sie zeigt sich in einer Vielzahl von gesunden Weinen, die sich zwischen Jugend und Trinkreife

Die verschiedenen Farben des Rotweins

befinden. Die Farbtiefe, wie später erklärt wird, bringt oft differenziertere Hinweise.

Kirschrot: Diese Farbe ist etwas heller als Rubin und ebenfalls ohne Blau- oder Orangetöne. Traubensorten mit etwas weniger pigmentierten Tanninen wie Pinot noir, Corvina, Gamay oder Grenache entwickeln diese Farbe gerne zwischen ihrer Jugend und Trinkreife. Klassische Anbaugebiete, die diese Farbe zeigen, sind Beaujolais, Loire, Veneto und Neuseeland.

Granatrot: Dieses Mittelrot hat orangerote Reflexe und kann auf viele verschiedene trinkreife Weine hinwiesen. Auch hier liefert die Farbtiefe etwas mehr Aufklärung.

Maulbeere: Dieses Dunkelrot hat orangerote Reflexe und kann möglicherweise auf einen Syrah oder Nebbiolo hindeuten. Es kann aber auch ein Hinweis auf ein heißes Klima oder etwas Oxidation während der Maturation vor der Flaschenabfüllung sein.

Ziegelrot: Deutet auf einen völlig trinkreifen Wein mit einigen Jahren Lagerung in der Flasche oder im Fass hin.

Bernstein: Deutet auf einen sehr alten Wein oder einen stattgefundenen Oxidationsprozess im Wein hin. Wenn alle Rottöne verschwunden sind, haben Weine meist die Trinkreife überschritten.

■ Weißweine

Grüngelb: Blasses Grüngelb ist eine sehr typische Farbe für junge Weißweine aus kühleren Klimazonen. Sie kann auf Reste von Chlorophyll zurückzuführen sein und kommt vor allem bei Riesling, Albariño, Sauvignon blanc oder Grünem Veltliner vor.

Strohgelb: Das ist die häufigste Farbe für trockene Weißweine und kann bei einer Vielzahl von Rebsorten gesehen werden.

Goldgelb: Diese Farbe kommt eher bei spät gelesenen und botrytisierten Dessertweinen vor, aber auch trockene Weiß-

weine bekommen mit längerer Flaschenlagerung einen goldenen Hauch.
Bernstein: Trinkreife, edelsüße Weine, bei denen der Restzucker durch lange Flaschenlagerung karamellisiert ist, zeigen eine wunderschöne Bernsteinfarbe.
Braun: Außer bei gespritetem Wein ist eine braune Farbe ein Zeichen für einen maderizierten Weißwein, der seinen Höhepunkt überschritten hat.

■ Roséweine

Lachs: Diese zarte, appetitliche Farbe hat weder zuviel Orange noch zuviel Rosa und deutet meist auf einen Wein aus einem kühleren Klima hin.
Zwiebelschale: Manche Rebsorten liefern einfach mehr orange Farben. Diese Farbe ist typisch für das Loiregebiet, aber auch Rosé aus wärmeren Klimazonen zeigt etwas mehr Zwiebelfarbe.
Hellrot: Diese Farbe wird auch oft als Pink bezeichnet und hat ein etwas künstliches Erscheinungsbild. Oft sind diese Weine unter Anwendung von Schutzgastechniken entstanden.

Farbtiefe

Rotweine werden mit zunehmendem Alter blasser und bekommen einen wässrigen Rand. Je älter ein Rotwein ist, desto unterschiedlicher wird die Farbintensität zwischen dem Kern und dem Rand. Eine tiefe Farbe eines Rotweins kann auf einen Jungwein, einen Wein aus einer sehr warmen, sonnigen Region oder auf eine dickhäutige Traubensorte wie etwa Cabernet hinweisen. Rotweine, die blass sind, sind entweder älter, aus einem kühleren Klima oder entstammen einer regnerischen Erntezeit. Anders als Rotweine werden Weißweine dunkler, wenn sie älter werden. Weißweine die erst nach der alkoholischen Gärung ins Eichenfass ohne Feinhefe kommen, sind auch in ihre Jugend etwas tiefer in der Farbe. Konzentrierte, edle Süßweine sind ebenfalls etwas dunkler.

Viskosität

Alkohol verringert die Viskosität, Extrakt und Restzucker vergrößern die Viskosität eines Weines und machen ihn dickflüssiger. Ob diese und in welchem Ausmaß sie vorhanden ist, kann besser im Mund beurteilt werden.

Kohlensäure

Nicht nur Schaumweine enthalten Kohlensäure (CO2). Auch stille Weine haben manchmal noch etwas Restkohlensäure, die aus der Gärung stammt. Jungweine und Weißweine haben sie eher als Rotweine und Altweine. Meistens ist diese Kohlensäure kaum sichtbar und ist höchstens an der Glasinnenseite oder in Augenhöhe direkt unter der Weinoberfläche bemerkbar. Während Kohlensäure in einem reifen, tanninhaltigen Rotwein eher als Hinweis auf einen unerwünschten biologischen Säureabbau oder Nachgärung in der Flasche zu deuten ist, ist sie bei Weiß- und Roséweinen und sogar bei manchen leichten, einfachen Rotweinen nicht unbedingt als Fehler zu betrachten. Die Restkohlensäure verleiht etwas Frische und Spritzigkeit. Bei Schaumweinen sind kleine Bläschen, Dauerhaftigkeit des Mousseux und ein langsames Steigen der Bläschen ein Zeichen von Qualität. Die Beschaffenheit der Gläser und ihre Behandlung mit Spülmittel haben allerdings Einfluss darauf und eine endgültige Beurteilung des Mousseux eines Schaumweines kann erst beim Tasten im Mund stattfinden.

Sehen, die Technik

Tageslicht oder Voll-Spektrum-Tageslichtlampen sind die beste Beleuchtung, um das Aussehen eines Weines zu beurteilen. Neonröhrenbeleuchtung verfälscht die Farbe eines Weines und bei unzureichender Beleuchtung kann man feine Nuancen nicht wahrnehmen. Zuerst schaut man vor einem weißen Hintergrund in vertikaler Richtung von oben direkt in das Weinglas hinein. So lassen sich am leichtesten Klarheit, Leuchtkraft, Farbintensität und eventuelle Sedimente bemerken und notieren. Verkostet man mehrere Weine, ist es am leichtesten, die gleichen Gläser mit gleich viel Wein gefüllt nebeneinander zu vergleichen. Danach hält man das Glas in Augenhöhe und kann so beurteilen ob Kohlensäurebläschen knapp unterhalb der Oberfläche vorhanden sind. Um die Farbe eines Weines genau anzuschauen, hält man das Glas in ca. 45 Grad Neigung gegen einen weißen Hintergrund. Ist die Farbe dumpf und eintönig, handelt es sich wahrscheinlich um einen einfachen oder fehlerhaften Wein. Die Farbe eines Weins von guter Qualität zeigt eine leuchtende Oberfläche und viele interessante Farbschattierungen. Primär wird die Farbe knapp innerhalb des Randes beschrieben, danach die Reflexe und der Kern. Farbton und -tiefe geben gemeinsam Hinweise zu Herkunft, Alter, Rebsorte und Jahrgang. Schließlich nimmt man das Glas beim Stiel und bewegt es in sanften Kreisen um eine vertikale Achse. Visköse Weine hinterlassen viele Tränen auf der Glasinnenseite und haben mehr Restzucker und/oder hohen Alkoholgehalt. Andere Weine sind wässriger, weniger viskös und sind meist leichter.

Stammt Trübheit nicht von aufgerührten Sedimenten, kann der Wein fehlerhaft sein.

Tipps und praktische Übung

Zählen wir zu den glücklichen Menschen mit Augenlicht, treffen wir täglich unzählige Entscheidungen basierend auf unserer optischen Wahrnehmung. Wir leben in einer stark visuell geprägten Gesellschaft und so ist es natürlich, dass wir uns sehr von dem Aussehen eines Weines beeinflussen lassen. Eine schöne, ansprechende Verpackung oder ein berühmter Name auf dem Etikett stimmt uns im Voraus positiv ein. Die Farbe des Weines beeinflusst, mit welchen Geruchskategorien wir den Duft eines Weins assoziieren. Es ist nicht ungewöhnlich, den Duft von Aprikosen in einem Syrah oder den von schwarzen Johannisbeeren in einem Sauvignon blanc zu finden, aber meistens wählen wir automatisch helle Früchte, um Weißweine zu beschreiben und dunkle für Rotweine. Eine tiefe Farbe lässt uns oft viel Tannin und einen vollen Körper vermuten, bevor wir den Wein überhaupt verkostet haben. In der folgenden Übung vergleichen wir Rotweine und Weißweine nebeneinander und demonstrieren, wie sehr wir oft vom Äußeren beeinflusst werden.

Benötigt wird

- mindestens ein gut gelaunter Partner
- eine Augenbinde pro zwei Personen
- 2 Weingläser pro Person
- einige Kopien des Verkostungsblattes aus der Umschlagseite dieses Buches
- 6 Flaschen Wein, jeweils maskiert, nummeriert und auf ca. 16° C gekühlt:

Weinpaar 1:
Wein A: Beaujolais Villages
Wein B: Grauburgunder aus Deutschland oder der Steiermark
Weinpaar 2:
Wein C: Sauvignon blanc von der Loire oder aus Österreich
Wein D: Cabernet Sauvignon aus der Neuen Welt
Weinpaar 3:
Wein E: Zweigelt Barrique
Wein F: Chardonnay aus der Neuen Welt

- 1 Korkenzieher

Übungsvorgang

Um die Identität aller Weine zu verbergen, werden die Weine mit Zeitungspapier oder ähnlichem umwickelt und beschriftet (1A, 1B, 3E usw.). Da die Temperatur keinen Hinweis geben darf, werden Rot- und Weißweine auf die gleiche Temperatur gestellt. Man kann die Flaschen im Kühlschrank kaltstellen und eine Stunde vor der Verkostung herausnehmen. Einer der beiden Personen werden die Augen verbunden und zwei Gläser vor sie gestellt. Die Weine werden paarweise eingeschenkt. Die zweite

Person dient als Assistent, um dem „blinden" Verkoster die Weine zu reichen und seine diktierten Verkostungsbemerkungen zu dokumentieren. Der Verkoster mit verbundenen Augen soll beschreiben, wie der Wein riecht, schmeckt und sich in seinem Mund anfühlt. Er soll sich erst auf Duftkomponenten konzentrieren. Sind die Fruchtkomponenten eher dunkle oder helle Früchte, gibt es rauchige oder holzige Elemente. Danach nimmt er einen Schluck und konzentriert sich auf den Geschmack: wie süß, sauer, bitter und pikant ist der Wein? Er soll dabei auch auf das Gefühl im Mund achten: wie voll, adstringierend, tannin- und alkoholhaltig ist der Wein? Wie ist die Textur? Als Endbemerkung soll der Verkoster entscheiden, ob der Wein weiß oder rot ist. Alle Bemerkungen soll sein Partner unter dem jeweiligen Weincode ohne irgendwelche Bemerkungen oder Beeinflussung schriftlich festhalten. Danach wird der Test mit umgekehrten Rollen und neu gemischtem Weinpaar wiederholt. Zum Schluss werden die Weine demaskiert und diskutiert. War es immer klar, welche Weine weiß und welche rot waren? Sie werden bemerken, dass es nicht so sehr die Duftkomponenten waren, die die Hinweise auf Farbe gegeben haben, sondern eher die Säure, der Tanningehalt und die Textur. Weißweine haben eher mehr Säure, Rotweine mehr Tannin und meist eine griffigere Textur.

Immer der Nase nach

Die besten Weine haben die reichhaltigsten Aromen und können ausführliche Geschichten über Identität, Herkunft und Qualität offenbaren, noch bevor man den Wein verkostet hat. Der Geruchssinn ist bei weitem der wichtigste und empfindlichste unserer Sinne – nicht nur in der Weinsensorik, sondern auch beim Genuss von Wein.

Wie funktioniert der Geruchssinn?

Der Mensch hat etwa dreißig Millionen Riechzellen auf einer etwa briefmarkengroßen Fläche Schleimhaut im oberen Bereich des Nasendaches. Am apikalen Ende dieser Riechzellen befinden sich dünne Sinneshaare, die in den Nasenschleim ragen und am anderen Ende über einen langen Nervenfortsatz direkt zum Stammhirn geleitet wird. Die Umsetzung eines chemischen Duftsignals in eine elektrische Zellantwort beginnt damit, dass beim Einatmen Duftstoffmoleküle vom Nasenvorhof oder nach dem Schlucken des Weines beim Ausatmen Duftmoleküle vom Rachenraum durch die Nasalpassage gelangen und zu den Sinneshaaren transportiert werden. Dort befinden sich Rezeptoren, die spezifisch für einen bestimmten Typ von Duftstoff gebaut sind. Passen Duft und Rezeptor genau überein, werden die Rezeptoren aktiviert und produzieren eine große Zahl an Botenmolekülen. Diese Botenstoffe öffnen Kanäle in den Sinneshaarmembranen, die wiederum ihre Botschaften über Qualität und Quantität des Duftreizes direkt an das Gehirn leiten. Da die Wahrnehmung dieser chemischen Signale mit einer ausgeprägt hedonistischen Komponente verknüpft ist, ist es praktisch unmöglich, einen Geruch nicht danach zu beurteilen, ob er als angenehm oder unangenehm empfunden wird. Weil auch ein starker und unwillkürlicher Zusammenhang von Geruch, Emotionen und Gedächtnis existiert, ist das Empfinden recht subjektiv.

Einflüsse auf die Geruchswahrnehmung

Es gibt einige wichtige Faktoren, die unsere Fähigkeiten, den Geruch eines Weines wahrzunehmen und zu interpretieren, beeinträchtigen können.

- **Fremdgerüche.** Es ist schwierig genug, die vielen kleinen Geruchsnuancen eines Weines wahrnehmen und differenzieren zu können. Man sollte bei einer seriösen Weinverkostung Rauchen, Parfum, Küchen- und andere Fremdgerüche verbannen.
- **Physikalische Hindernisse.** Eine starke Verkühlung mit Schnupfen oder Heuschnupfen ist beim Riechen sehr hinderlich. Manchmal können schleimhautabschwellende Medikamente etwas Hilfe schaffen.
- **Gewöhnung.** Hat man beim Identifizieren eines Dufts Schwierigkeiten, kann es vorkommen, dass man so oft an der Glasprobe riecht, bis man fast gar nichts mehr wahrnehmen kann. Der Geruchssinn stumpft schnell ab. Eine kurze Pause bringt Abhilfe, da er sich rasch wieder erholt.
- **Temperatur.** Der Geruchssinn nimmt Duftmoleküle in ihrer freischwebenden Gasform wahr. Je wärmer es ist, desto höher ist die Flüchtigkeit der Duftstoffe. Perfekte Verkostungstemperaturen liegen bei etwa zwei Grad Celsius über den Trinktemperaturen, also meist zwischen zwölf und zwanzig Grad Celsius. Man ist bestrebt, eine Temperatur zu

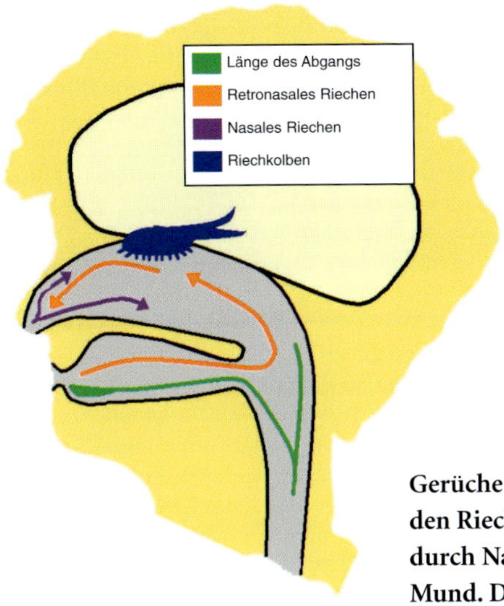

Gerüche erreichen den Riechkolben durch Nase und Mund. Die physikalische Länge eines Weines kann man in Mund und Rachen spüren.

wählen, die sowohl mögliche Mängel als auch positive Attribute hervorhebt, ohne dass der Alkohol in einem Ausmaß verdunstet, in dem er Duftkomponenten übertönt. Bei Schaumweinen soll man ebenfalls vorsichtig sein, denn zuviel Wärme hat einen negativen Effekt auf den Mousseux.

- **Kontraste.** Die Gerüche von Weinen werden deutlicher erkennbar wenn es Vergleichsmöglichkeiten gibt.
- **Gläser.** Gläser sollen sauber und geruchsfrei sein. Das Glas soll tulpenförmig und von ausreichendem Fassungsvermögen sein, um die Konzentration der Weinaromen zu fördern. Kristallgläser sind vorzuziehen, da sie geruchsneutraler sind als solche aus normalem Glas. Ein Glas mit Stiel lässt sich leichter schwenken, um Duftstoffe freizusetzen.

Herkünfte von Gerüchen

Es gibt eine Rebsorte, welche Weine hervorbringt, die direkt nach Trauben riechen: Muskat Ottonel. Auch die anderen Traubensorten haben typische Düfte, die sie an den Wein weitergeben. Abgesehen von den Komponenten, die aus den Trauben selbst stammen, kann das Aroma vom Makro- und Mikroklima in den Weingärten beeinflusst sein oder durch bestimmte Kelterungsverfahren entstehen. Weiters kann einige Jahre Alterung in Flaschen subtile und verführerische Düfte in einem großen Wein hervorrufen.

Traubensorten

Die Rebsorte hat wahrscheinlich den wichtigsten Einfluss auf den Geruch eines Weines. Es wird unmöglich sein, sich die Aromaprofile tausender Sorten auswendig zu merken und darüber hinaus sind viele dieser Sorten gar nicht für eine Fachkritik mit höchsten Ansprüchen bestimmt, sondern einfach zum Trinken und Genießen, wie etwa viele Tischweine. Mit etwas Übung

kann man aber erlernen, die typischen Geruchsmerkmale der wichtigsten Rebsorten für Qualitätsweine zu erkennen.

Klima und Weingarten

Klima, Ertrag, Belichtung sowie Laubwand- und Bodenmanagement haben alle eine Auswirkung auf die Reife, Aromaqualität und Intensität von Weintrauben. Während des Reifeprozesses im Weingarten können Trauben von Pilzen, Hefen oder Bakterien befallen werden. Diese Mikroben können gewünschte Aromen unterdrücken und unerwünschte Essigstiche oder Oxidierung begünstigen. Botrytis cinerea ist die große Ausnahme bei diesen Infektionen, denn sie kann Zucker und Extrakte von Weinbeeren konzentrieren und sehr attraktive Würze und Aromen beisteuern.

Im Keller

Traubensaft wird durch Wirkung von verschiedenen Hefen und Bakterien zu Wein. Um Verderbnis zu vermeiden und

Ein alter Weinkeller am Rande eines Weingartens. Heute werden solche Keller in der Regel noch für die Aufbewahrung von Geräten verwendet.

gewünschte Aromen zu unterstreichen, wendet der Winzer verschiedene Kelterungstechniken an. Entscheidungen, ob und wie man Holzfässer benutzt, spielen eine große Rolle für das Entstehen von Aromen im Wein.

In der Flasche

Es gibt einige wenige Weine, manchmal große Weine, die von der Flaschenalterung profitieren. Unter günstigen Umständen entwickelt sich der Wein in der Flasche noch weiter. Chemische und biochemische Reaktionen können dem Aroma eines Weines Komplexität verleihen. Der Zeitrahmen für diese erwünschten Prozesse während der Flaschenalterung reicht von einem halben Jahr bis weit über zehn Jahre.

Aspekte des Riechens und Vokabel zur Beschreibung

Reintönigkeit

Das erste Kriterium ist, ob der Wein sauber und appetitlich riecht. Ist der Wein zu kühl, werden manche Fehltöne nicht in die Luft freigesetzt und werden erst bemerkbar, nachdem sich der Wein im Mund aufgewärmt hat und die Duftmoleküle über die retronasale Passage den Riechkolben erreicht. Vokabelvorschläge zur Beschreibung der Reintönigkeit des Weinaromas sind: sauber, dumpf, muffig, unsauber oder fehlerhaft.

Aroma

Tausende verschiedene Aromakomponenten können sich im Wein befinden. Es ist schwierig, sie alle zu identifizieren und man kann nur Aromen erkennen, die einem vertraut sind. Es ist oft hilfreich, sie zuerst in größere Kategorien einzuordnen und sie davon ausgehend – wenn möglich – genauer zu identifizieren. Es geht nicht darum, ein Blumenfeld zu malen oder einen Fruchtcocktail herbeizufantasieren, sondern ein realistisches Bild eines Weines in Wörter zu fassen. Kategorien von Aromakomponenten sind: fruchtig, blumig, pflanzlich, würzig, erdig-mineralisch, holzig-rauchig, animalisch, chemisch und mikrobiologisch. Die folgende Liste – ohne Anspruch auf Vollständigkeit – von Vokabeln zur Beschreibung von Aromen und deren Bedeutung (Hinweise auf Traubensorte, Herkunftsland etc.) ist nach Kategorien geordnet:

Fruchtig

- **Ananas:** sehr reife Weißweine mit etwas Botrytis, Chardonnay aus der Neuen Welt
- **Apfel:** frische, junge Weißweine, eher keine Spätlese und keine malolaktische Gärung (biologischer Säureabbau)
- **Apfelkompott:** typisch für Chenin blanc
- **Aprikose:** typischer Duft von Riesling oder Viognier, aber auch nicht ungewöhnlich für große Syrah oder manchmal Pinot Noir
- **Banane:** kühl fermentierte Weißweine oder roter „Nouveau"-Wein, der einer Kohlensäuremaischung unterzogen war
- **Birne:** Chardonnay, Chenin blanc, Champagner
- **Bittermandel:** Asti Spumante
- **Brombeere:** typische Frucht von Zinfandel, Blaufränkisch, australischen Shiraz und sehr reifen Pinot Noir
- **Dörrpflaumen:** typisch für Châteauneuf du Pape, Corbières, rote Vin Doux Naturel
- **Erdbeere:** klassischer Duft von Pinot Noir, manchmal auch von Gamay
- **Erdnuss:** typisch für Banyuls, Port
- **Feige:** sehr reife, feine Weißweine mit etwas Flaschenalterung oder manche reife süditalienische und griechische Rotweine
- **Gebräunte Apfelschale:** typisch für oxidierten Wein
- **Grapefruit:** findet sich vor allem in Grünem Veltliner, Gewürztraminer und Scheurebe
- **Grüner Apfel:** leichte, unkomplizierte Weißweine aus eher weniger reifen Trauben wie z.B. Welschriesling
- **Haselnuss:** typisch für große Chardonnays, Champagner
- **Heidelbeere:** typische Frucht von Merlot, manchmal Petit Sirah

- **Himbeere:** klassische Frucht von Pinot Noir, jugendlichem Syrah aus einem kühleren Klima
- **Johannisbeere (Ribisel):** typisch für Pinot Noir aus einem kühleren Klima, Sauvignon blanc, Blaufränkisch
- **Kirsche:** klassische Frucht von Pinot Noir aus einem kühlen Klima, auch in St. Laurent und Blaufränkisch zu finden
- **Limette:** typisch für Grünen Veltliner, Riesling oder Sémillon
- **Litschi:** typisch für Gewürztraminer oder sehr reife Sauvignon blanc, österreichische TBA
- **Mandarine:** vor allem Muskat, aber auch Riesling
- **Mandel:** einfache italienische Weißweine
- **Mango:** Chardonnay, sehr reifer Grüner Veltliner, Gewürztraminer
- **Maracuja:** sehr reifer Sauvignon blanc, Chenin blanc
- **Marmelade:** Rotweine aus einem wärmeren Klima oder auch zu heiß vergorene Weine
- **Marzipan:** jugendliche Champagner, Chenin blanc
- **Melone:** Chardonnay aus einem warmen Klima, Viognier, österreichische TBA
- **Nüsse:** Champagner, maturierte Chardonnay, Neuburger oder Pinot blanc
- **Orangeat:** botrytisierte Dessertweine
- **Papaya:** Chardonnay
- **Pfirsich:** Riesling Spätlese, Chardonnay aus der Neuen Welt, Viognier
- **Pflaume:** kommt in vielen Rotweinen vor, typisch für Sangiovese und Tempranillo
- **Preiselbeere:** Rotweine aus einem kühleren Klima
- **Quitte:** Chenin blanc
- **Rhabarber:** Blaufränkisch kann diese Frucht vorweisen, aber sie wird auch in Rotweinen, die einer Kohlensäuremischung unterzogen oder bei welchen Reinzuchthefen benutzt wurden, gefunden
- **Rosinen:** Weine aus getrockneten oder stark botrytisierten Weinbeeren, auch gespritete Süßweine
- **Sauerkirsche:** Zweigelt, St. Laurent, Barbera

- **Schwarze Johannisbeere:** typischer Duft von Cabernet Sauvignon
- **Stachelbeere:** klassischer Sauvignon blanc
- **tropische Früchte:** sehr reife Weißweine, oft aus der Neuen Welt
- **Trauben:** Muskat
- **Trockenfrüchte:** Weine aus getrockneten Trauben wie Amarone, Recioto, Vin de Paille oder auch gespritete Weine
- **Waldbeeren:** reife, komplexe Rotweine
- **Walnuss:** Vin jaune
- **Zitrone:** Riesling, Sauvignon blanc, Markenchampagner, einfache Chardonnays
- **Zitrusfrüchte:** beschreibt eine komplexe Mischung aus Zitrusfrüchten, die sich in anspruchsvollen Weißweinen finden kann
- **Zwetschke:** Sangiovese

Blumig

- **Akazie:** frisch degorgierte Schaumweine von guter Qualität, Chardonnay
- **Apfelblüten:** jugendliche Rieslinge, Champagner
- **Flieder:** Rotweine aus dem nördlichen Rhônetal, Nebbiolo
- **Holunderblüten:** Sauvignon blanc, aber auch unreife Cabernet Sauvignons
- **Lavendel:** australischer Riesling
- **Lilien:** Nebbiolo
- **Lindenblüten:** edler Duft vieler großer Weißweine, Sauvignon blanc, Chenin blanc, Riesling
- **Magnolie:** Muskat, Gewürztraminer
- **Maiglöckchen:** Gewürztraminer
- **Nelke:** negativer Geruchsbegriff bei Weißweinen, stammt von übermäßiger Phenolextraktion
- **Orangenblüten:** gelber Muskateller aus der Steiermark
- **Perlagonien:** fehlerhaft, verursacht von Ascorbinsäurebenutzung ohne ausreichendes Schwefeldioxidgehalte
- **Rosen:** Gewürztraminer
- **Safran:** botrytisierte Dessertweine
- **Vanille:** viele weiße und rote Weine, die in neuen Eichen-

fässern maturiert wurden, typisch für Tempranillo
- **Veilchen:** Sangiovese, große Pinot Noir aus dem Burgund
- **Weißdorn:** Chardonnay

Pflanzlich
- **Bachminze:** Cabernet Sauvignon aus Kalifornien oder Chile, vor allem Maipo und Rapel
- **Basilikum:** Rotweine aus Mittelitalien oder Nordspanien
- **Fenchel:** sowohl Rot- als auch Weißweine
- **frisches Heu:** Sauvignon blanc, Colombard, Chasselas
- **Spargel:** Sauvignon blanc
- **frische Tabakblätter:** spät gelesener Grüner Veltliner
- **Grüne Paprika:** in leichter Ausprägung bei Cabernet Franc, sonst überwüchsige Cabernet Sauvignon und Sauvignon blanc
- **Grüner Tee:** Grüner Veltliner, österreichischer Riesling
- **Karfiol:** Mercaptanfehler, bakterielle Verrottung
- **Knoblauch:** Fehler, möglicherweise durch Schwefel oder Mercaptane verursacht
- **Kraut:** Mercaptanfehler
- **Linsen:** Grüner Veltliner
- **Pfefferminze:** Shiraz aus Australien
- **Popcorn:** Banyuls, Port
- **Rote Rüben:** Pinot Noir, St. Laurent und Zweigelt können diesen erdig-vegetalen Charakter zeigen, wenn zu reduktiv gekeltert wurde
- **Salatgurken:** kühles Klima, Chardonnay aus weniger reifen Trauben
- **Sauerkraut:** Fehler, unsaubere malolaktische Gärung
- **Schnittlauch:** Mercaptanfehler
- **Sellerie:** Grüner Veltliner
- **Schwarzes Johannisbeerblatt:** Cabernet Sauvignon, Sauvignon blanc
- **Schwarztee:** Sangiovese
- **Stroh:** Chardonnay
- **Tabak:** maturierte Bordeaux
- **Thymian:** Weine aus dem Rhônetal
- **Tomatenpflanze:** Cabernet Sauvignon oder Sauvignon blanc
- **Zuckererbsen:** Sauvignon blanc, manchmal Cabernet Sauvignon

- **Zwiebel:** Fehler, möglicherweise durch Schwefel oder Mercaptane verursacht

Würzig

- **Anis:** kommt sowohl in Weiß- als auch Rotweinen vor, Arneis, Grenache
- **Cayenne:** Cabernet Sauvignon
- **Grünes Pfefferkorn:** Grüner Veltliner
- **Nelken:** Syrah, Sauternes
- **Pumpernickel:** stark botrytisierte Süßweine
- **Weißes Pfefferkorn:** Grüner Veltliner, Syrah
- **Zimt:** Syrah und Cabernet, Gewürztraminer und Chardonnay

Erdig-mineralisch

- **Bleistiftspäne:** Bordeaux
- **Champignon:** Pinot noir, aber auch botrytisierte Dessertweine
- **Dünger:** fehlerhaft
- **Feuerstein:** Riesling aus kühlem Klima und Grüner Veltliner aus guter Lage, Pouilly Fumé
- **Kieselstein:** kühles Klima, Weißweine aus guter Lage
- **Petroleum:** maturierter Riesling
- **Salz:** Manzanilla
- **Schiefer:** qualitativ hochwertiger Weißwein aus kühlem Klima und steinigem Boden
- **Teer:** Nebbiolo
- **Trüffel:** große Rotweine aus Bordeaux, Burgund, Toskana und Piemont
- **Waldböden:** Pinot noir, St. Laurent

Holzig-rauchig

- **Bitterschokolade:** Bordeaux
- **Buttertoffee:** Chardonnay aus der Neuen Welt
- **Geröstetes Brot:** Chardonnay, Champagner
- **Geröstete Haselnuss:** Chardonnay, Champagner
- **Geröstete Mandel:** Chardonnay
- **Kokos:** stammt meist von Lagerung in Holzfässern aus amerikanischer Eiche
- **Kaffee:** meist Rotweine, stammt meistens von Reifung in kleinen Eichenfässern, manchmal von Eichenspänen
- **Karamell:** meist Rotweine, stammt von Reifung in kleinen Eichenfässern

- **Kiefer:** Cabernet Sauvignon, Mourvèdre
- **Kork:** fehlerhaft, stammt von TCA-infiziertem Kork oder Holz
- **Lakritze:** Nebbiolo, komplexe Rotweine
- **Rauchig:** wird in vielen Weinen, die in kleinen Eichenfässern maturiert wurden, gefunden
- **Schokolade:** großzügige, dichte Rotweine
- **Speck:** in Holz gereifte Rotweine
- **Zedernholz:** rote Bordeaux

Animalisch

- **Bienenwachs:** Chenin blanc aus Loire, weißer Bordeaux von guter Qualität
- **Pferde (-stall, -decke etc.):** verursacht durch Brettanomyces, kann in sanfter Ausprägung als angenehm beurteilt werden
- **Leder:** feine, maturierte Rotweine
- **Mäuseurin:** stark fehlerhaft
- **Moschus:** Burgund, nördliches Rhônetal
- **rohes Fleisch:** Rotweine aus dem nördlichen Rhônetal
- **Stinktier:** Mercaptanfehler
- **Ziege:** Fehler mit unangenehm langer Präsenz

Mikrobiologisch

- **Bier:** fehlerhaft, unzureichende Fassumfüllung
- **Biskuit:** Champagner, stammt von Hefe-Autolysis
- **Brioche:** Champagner
- **Brot:** Champagner mit etwas Flaschenalterung
- **Butter:** Chardonnay
- **Buttermilch:** mangelhaft, durch unsaubere malolaktische Gärung verursacht
- **Essig:** fehlerhaft
- **faule Eier:** fehlerhaft, Böckser
- **Germ:** Champagner, frische Hefe
- **Honig:** Riesling, botrytisierte Weißweine, Champagner
- **Kork:** fehlerhaft
- **Rancio:** typischer Geruch von Banyuls und Maurey, ähnlich dem Aroma von Gorgonzola
- **Saure Milch:** fehlerhaft
- **Moder:** fehlerhaft
- **Mottenkugel:** fehlerhaft, typisch für vorzeitige, untypische Alterung
- **Schimmel:** fehlerhaft

Chemisch

- **Gebrannter Gummi:** Mercaptanfehler
- **Heftpflaster:** Rotweine aus dem nördlichen Rhônegebiet oder auch Piemont
- **Kaugummi:** einfache, kühl fermentierte Weißweine wie z.B. Welschriesling, kommt auch in „Nouveau“-Rotweinen mit Kohlensäuremaischung vor
- **Nagellack:** fehlerhaft
- **Paraffin:** Chenin blanc

Tiefe und Intensität

Der Duft eines Weines kann verhalten oder explosiv sein. Was dies für die Qualität bedeutet, hängt von der Tiefe ab. Ist der Duft eines Weines zuerst sehr üppig und doch eintönig und verschwindet schnell, kann man von einem oberflächlichen „Blender“ sprechen. Gesucht und gewünscht ist ein Wein, der sich im Glas entfaltet und viele unterschiedliche, lang anhaltende Duftkomponenten zeigt. Ein solcher Wein kann vor allem in seiner Jugend etwas verhalten sein und es bedarf der Aufmerksamkeit der Verkoster, seine Tiefe nicht zu übersehen. Vokabelvorschläge zur Beschreibung der Intensität sind: verhalten, zart, dezent, delikat, ausgeprägt, konzentriert, explosiv und aufdringlich. Diese Vokabel sollen zusammen mit der Beschreibung der Tiefe benutzt werden: oberflächlich, leicht, voll oder tief.

Komplexität

Präsentiert sich ein Wein mit vielen verschiedenen Duftkomponenten, die sich wie in Wellen in der Nase treffen und lang anhalten, ist ein Wein komplex. Ist der Wein aber monoton im Duft und indifferent im Duftcharakter, ist von einem simplen Wein zu sprechen. Vokabelvorschläge zur Beschreibung der Duftkomplexität sind: einfach, rustikal, solid, elegant und komplex.

Riechen, die Technik

Es ist empfehlenswert, die Glasinnenseite mit Wein zu benetzen, um eventuelle Fremdgerüche, die vom Spülmittel oder der Aufbewahrung in Schränken stammen, zu beseitigen. Da verschiedene Duftmoleküle von der Weinoberfläche mit unterschiedlicher Bereitwilligkeit aufsteigen, soll man versuchen, den zartesten, fragilsten Duft wahrzunehmen bereits bevor man das Glas schwenkt. Man hält den Glasrand in ca. 45 Grad Neigung gerade unter die Nase, um das Maximum an Duft in der Glastulpe von einer möglichst großen Weinoberfläche aufnehmen zu können. Der erste Eindruck ist oft der aussagekräftigste und um von ihm möglichst stark zu profitieren, sollte man die Augen schließen und konzentriert, aber nicht zu kräftig, schnüffeln. Mit etwas Übung entscheidet man zuerst, fast unbewusst, ob der Wein überhaupt sauber und appetitlich riecht und konzentriert sich darauf, welche Aromakategorien vorhanden sind. Hat man eine oder mehrere Kategorien eruiert, kann man versuchen, Duftkomponenten genauer zu definieren. Jetzt schwenkt man das Glas in einer Kreisbewegung, um auch schwerere Duftmoleküle von einer noch größeren, dynamischen Weinoberfläche zu befreien und hebt das Glas wieder direkt unter die Nase und schnüffelt konzentriert und etwas tiefer als beim ersten Mal. Einfache Weine verdienen keine allzu lange Untersuchung, aber komplexe, vielschichtige Weine fordern mehr Kontemplation und brauchen Zeit, sich im Glas zu entfalten. Da man im Mund auch durch die retronasale Passage riecht, nimmt man mit einem Schluck Wein auch noch etwas Luft in den Mund und bewegt ihn, um alle Bereiche der Mundhöhle auszuspülen. Beim Ausatmen durch die Nase werden Duftmoleküle zu den Riechsensoren transportiert. Durch das Erwärmen im Mund können auch noch weniger leicht flüchtige Düfte wahrgenommen werden.

Tipps und praktische Übung

Das Identifizieren von Geruchskomponenten in einem Wein ist ein faszinierender Aspekt der Weinsensorik. Was für den Anfänger oft nach imposanter

Begabung aussieht, ist in Wirklichkeit eine reine Übungssache. Das Verkostungsblatt in der Umschlagklappe dieses Buches gemeinsam mit der Liste von Duftkomponenten in diesem Kapitel ist eine ausgezeichnete Methode, mit der man während der Weinverkostung Erfahrung sammeln kann. Verkostungsnotizen unterstützen dabei das Gedächtnis sehr. Die Duftwahrnehmung ist schwierig in Worte zu fassen. Ein Aromarad wie jenes, das von Anne C. Noble, Professorin an der Universität Davis, USA, entwickelt wurde, hilft den Geruch in allgemeine und sortenspezifische Kategorien einzuteilen. Auch das Visualisieren von Düften hilft sie in Erinnerung zu behalten und ist wahrscheinlich der Grund, warum Hausfrauen und Köche oft die Besten unter den Anfängern bei der Weinsensorik sind. Ihre tägliche Arbeit bringt viel Umgang mit Düften mit sich und sie hantieren direkt mit den Trägern der verschiedenen Gerüche. Der Franzose Jean Lenoir hat eine Kassette mit 54 Fläschchen verschiedener Düfte, die sich im Wein finden können, auf dem Markt gebracht (Le Nez du Vin). Auch dieses hervorragende Übungswerkzeug hat zu jedem Duft ein illustriertes Beschreibungskärtchen gestellt. Wie wichtig der Geruchssinn für die Weinsensorik ist, wird in folgender Übung demonstriert.

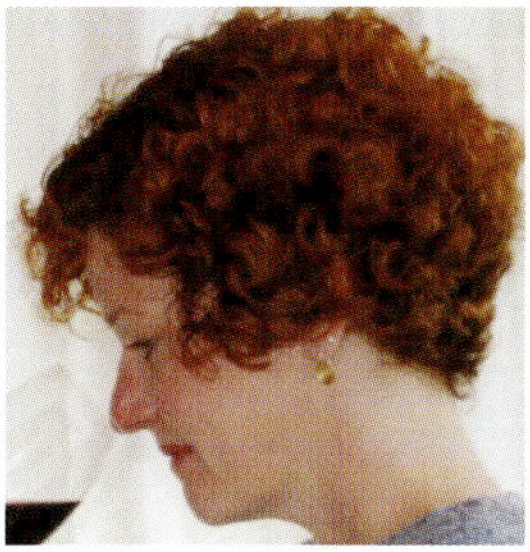

Der erste Geruchseindruck ist oft der aussagekräftigste.

Gebraucht wird

- Espresso, ungesüßt, lauwarm gestellt
- lang gezogener schwarzer Tee, ungesüßt, lauwarm gestellt
- 1 Teelöffel Zitronensaft

Übungsvorgang

Atmen Sie ein, halten Sie sich die Nase komplett zu und nehmen Sie ca. einen Esslöffel voll Kaffee in den Mund, spülen ihn im Mund herum und schlucken. Halten Sie die Nase noch zehn Sekunden zu, während Sie darauf achten, was Sie im Mund schmecken und tasten. Sie werden Säure und Bitterkeit schmecken. Die Säure wird ein Gefühl des Einziehens oder Zuckens an den

Seiten des Zungenrands verursachen. Auf dem mittleren, hinteren Bereich der Zunge werden sie den adstringierenden Effekt von Bitterkeit spüren. Wenn die zehn Sekunden vorbei sind, lassen Sie ihre Nase frei: Erst jetzt nehmen Sie das Aroma von Kaffee wahr, auch nachdem Sie den Kaffee geschluckt haben. Das Kaffeearoma ist ein Geruch und kein Geschmack!

Jetzt machen Sie das Gleiche mit dem Tee. Diesmal spüren Sie keine Säure, und das Gefühl von trockener Bitterkeit auf der hinteren Mitte der Zunge wird noch von einer mundfüllenden Adstringenz begleitet, die sich am Gaumen anfühlt, als ob er mit Baumwolle trocken gerieben würde. Das ist das Gefühl von Tannin. Lassen sie die Nase erst zehn Sekunden nach dem Schlucken los und beobachten Sie, wie Sie erst jetzt das Teearoma wahrnehmen.

Jetzt geben sie den Zitronensaft in den Tee und wiederholen den Vorgang mit zugehaltener Nase. Beobachten Sie, wie die zugegebene Säure das Empfinden von Tannin verändert.

Geschmackssache

Was wir im herkömmlichen Sprachgebrauch unter Geschmack verstehen, ist eigentlich eine komplexe Mischung aus drei verschiedenen Sinnen: Riechen, Tasten und Schmecken. In diesem Abschnitt wird Geschmack ausschließlich als die Sinneswahrnehmung, welche durch die Geschmacksknospen im Mund stattfindet, verstanden. Heute sprechen Wissenschaftler meist von fünf Grundrichtungen der Geschmackswahrnehmung: Süße, Säure, Bitterkeit, Salzigkeit und Umami. Umami ist der von japanischen Wissenschaftlern so definierte Glutamatgeschmack und bezieht sich auch auf den pikanten Geschmack von Aminosäuren, die sich in verschiedenen Nahrungsmitteln befinden.

Wie funktioniert der Geschmackssinn?

Wie der Geruchssinn ist der Geschmackssinn ein chemischer

Sinn. Der Geschmackssinn interpretiert Moleküle in ihrer flüssigen Form, während der Geruchssinn sie in ihrer flüchtigen Gasform wahrnimmt. Jeder Mensch hat etwa fünf- bis zehntausend Geschmacksknospen. Zwei Drittel dieser Geschmacksknospen befinden sich in Zungenpapiellen, die restlichen an Gaumen, Kehldeckel und im Rachen. Schmeckzellen in diesen Geschmacksknospen reagieren auf Chemikalien in Nahrungsmitteln und vermitteln über Nervenfasern Impulse an unser Gehirn. Nervenfasern innervieren jeweils mehrere Schmeckzellen und zwar auch gleichzeitig in unterschiedlichen Geschmacksknospen. Dadurch geben die ableitenden Nervenfasern die Sinnesinformation vieler Geschmackszellen und einer oder mehrerer Geschmackrichtungen an das Gehirn weiter und werden dort interpretiert. Durch die Mischung von Geschmäckern entsteht kein neuer Geschmack, aber eine Komponente kann durch andere zurückgedrängt werden.

Drei Sinne werden im Mund eingesetzt: Riechen, Schmecken und Tasten.

Der weit verbreitete Irrtum

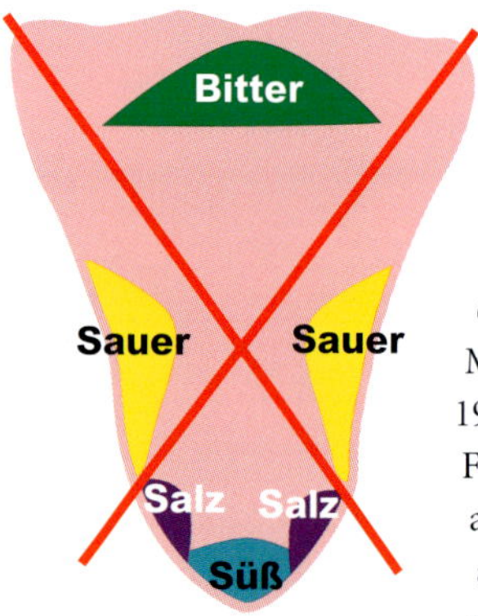

In vielen Lehrbüchern ist die Zunge des Menschen in einzelne Geschmackzonen unterteilt, nach welchen wir an der Zungenspitze süß, an den seitlichen Zungenrändern salzig und sauer und am Zungenhinterteil bitter schmecken. Diese Darstellung entstammt jedoch einer Missinterpretation aus dem 19. Jahrhundert. Neue Forschungen ergaben, dass alle Schmeckzellen auch alle Geschmacksqualitäten empfinden können. Die verschiedenen Geschmacksreize werden nicht zur gleichen Zeit wahrgenommen und besitzen nicht die gleiche Empfindungsdauer. Jeweils bei der niedrigsten Wahrnehmungsschwelle wird erst süß identifiziert, danach salzig, dann sauer und zum Schluss bitter. Die Zungenzonen beziehen sich eher auf die Lokalisation der Tastsinne, welche ebenfalls die Geschmackswahrnehmung beeinflussen.

Einflüsse auf den Geschmack

- **Gewöhnung:** Die Empfindung der verschiedenen Geschmacksrichtungen erreicht ihre volle Stärke nach fünf bis zehn Sekunden. Danach wird der Geschmack rasch adaptiert. Die Adaption kann einige Sekunden bis sogar einige Stunden, vor allem bei Bitterkeit, anhalten. Die Gewöhnung an einen Geschmack beeinflusst die Empfindung des folgenden. Man vergleicht deswegen ähnliche Weine miteinander und macht den ersten Wein in einer Verkostungsreihe zum „Pegel" und verkostet ihn eventuell noch ein zweites Mal in der Reihe. Weicht ein Wein in einer Verkostungsreihe in irgendeiner Weise stark von den anderen ab – hat etwa viel mehr Säure, Bitterstoffe oder Süße – ist empfehlenswert, den Gaumen vor dem nächsten Wein zu neutralisieren. Ein säurereicher Wein lässt den nächsten milderen Wein süßer schmecken als er tatsächlich ist.

- **Physikalische Hindernisse:** Der Restgeschmack von Zahnpasta oder Nahrungsmitteln beeinflusst den Geschmack von Wein. Vor einer professionellen Verkostung soll daher mindestens eine halbe Stunde Abstinenz von jeglichen Geschmacksstoffen eingehalten werden. Bei sehr heißen Speisen und Getränken ist auch Vorsicht geboten, denn eine verbrühte Zunge kann nicht gut verkosten.
- **Alkohol:** Ein hoher Grad an Alkohol lässt einen Wein süßer schmecken als er tatsächlich ist. Wie man Alkohol sensorisch wahrnimmt, wird im nächsten Kapitel „Ein Frage des Gefühls“ (Seite 60) beschrieben.
- **Fruchtigkeit:** Fruchtige Duftkomponenten erzeugen den Eindruck von Süße selbst bei völlig trockenen Weinen. Um ein sensorisches Urteil zu bilden wie trocken oder süß ein Wein ist, darf man sich nicht von üppigen, fruchtigen Düften ablenken lassen, sondern muss sich auf den tatsächlich enthaltenden Restzucker konzentrieren.

Aspekte des Geschmacks und Vokabel zur Beschreibung

Die fünf Grundrichtungen des Geschmacks sind süß, sauer, bitter, salzig und umami. Süße, Säure und Bitterkeit sind die bedeutendsten Geschmackrichtungen für Wein und ihr Zusammenspiel trägt viel zu dessen Ausgewogenheit bei. Es gibt einige Weinspezialisten, die von Salz- und Umamigeschmack bei einzelnen Weinen sprechen. Es wird z.B. auf den salzigen Geschmack von Manzanilla Sherry und den pikanten, würzigen, mundfüllenden Geschmack von hochwertigen, gereiften Weinen hingewiesen.

- **Süße:** Süßer Geschmack im Wein stammt hauptsächlich von Fruktose und Glukose, die in den Trauben enthalten war und nicht durch Fermentation in Alkohol verwandelt wurde. Es ist relativ leicht zu beurteilen, wie trocken oder süß ein Wein ist. Auch wenn man

Süße in allen Geschmacksknospen schmecken kann, spürt man sie zuerst an der Zungenspitze, dann an den Seiten von Zungenrücken und im Rachenraum beim Abgang. Sehr reife Fruchtkomponenten in der Nase, hoher Alkohol- und Glyzeringehalt können etwas mehr Süße vortäuschen als tatsächlich vorhanden ist und ein leichter, säurereicher Wein kann trockener erscheinen als er ist, aber mit etwas Übung lässt man sich nicht mehr so leicht täuschen und kann die wirkliche Süße eruieren. Süße balanciert Säure und Bitterkeit und umgekehrt wird das Empfinden von Süße durch diese Geschmacksqualitäten gemildert. Vokabelvorschläge zur Beschreibung des Süßegrads sind: staubtrocken, trocken, halbtrocken, halbsüß, süß und picksüß.

- **Säure:** Weinsäure und Apfelsäure stammen von den Trauben. Bei einem Wein, der eine malolaktische Gärung durchgemacht hat, wird ein Teil der schärferen Apfelsäuren in mildere Milchsäuren umgewandelt. Säure kann man deutlich an den Zungenseiten spüren und bereits der Gedanke an etwas Saures bewirkt ein Spitzen der Lippen und erhöhten Speichelfluss. In angenehmen Quantitäten gibt Säure einem Wein Lebendigkeit und Struktur und trägt den Abgang. Hoher Tannin- und/oder Alkoholgehalt kann Säure extremer und härter erscheinen lassen. Zucker und Säure mildern sich gegenseitig. Vokabelvorschläge zur Beschreibung der Säure sind: schal, mild, gut eingebunden, erfrischend, rassig, spitz und aggressiv.
- **Bitterkeit:** Das Empfinden von Bitterkeit wird außer in sehr leichter Form meist als unangenehm beurteilt. Bitterer Geschmack von Wein kann vom Gerbstoff unreifer Trauben, grober Behandlung von Traubenschalen, -kämmen und -kernen, übermäßiger Extraktion oder auch übermäßigen Holzeinfluss während der Verarbeitung stammen. Bitterkeit spürt

man deutlich auf der hinteren Zungenmitte. Bei starker Bitterkeit kann deshalb ein fast instinktives Herausstrecken der Zunge vor allem bei Kindern beobachtet werden. Leichte Bitterkeit wird von Restzucker balanciert und kann als angenehm empfunden werden. Manchmal weisen auch junge Rotweine, die noch Flaschenalterung benötigen, leichte Bitterkeit auf, aber übermäßige Bitterkeit wird dabei nie verschwinden. Vokabelvorschläge zur Beschreibung von Bitterkeit sind: leicht und angenehm, grün, hantig, unangenehm und grob.

- **Salze:** Salz ist im Wein nur in sehr geringen Mengen enthalten und übersteigt meist die Wahrnehmungsschwelle nicht. Vokabelvorschläge zur Beschreibung von Salz sind: Seetang, Mineralsalz und leicht salzig.
- **Umami:** Diese Geschmacksrichtung wird noch von wenigen Europäern verstanden und deshalb auch meist nicht im Wein identifiziert. Umami wird am besten als ein Geschmack beschrieben, der von einem lebendigen Organismus stammt. Wenn eine Fermentation oder ein Alterungsprozess stattgefunden hat wie in Sojasauce, Schwammerl, Wein oder Käse, entsteht ein komplexer Maturationsgeschmack und dieser wird als Umami bezeichnet. Hat man einmal in einem gereiften Burgunder Trüffel oder Vegemite geschmeckt, abgehangenes Fleisch in einem Rotwein aus dem nördlichen Rhônegebiet oder „Rancio“ in einem Maury und Grand Cru Banyuls wahrgenommen, hat man eine Ahnung von Umami im Wein. Vokabelvorschläge zur Beschreibung von Umami sind: leichte Umami, pikante Umami und würzige Umami.

Schmecken, die Technik

Man nimmt einen ordentlichen Mund voll Wein, genug, um auch seine feineren Nuancen wahrzunehmen, lässt aber noch

Süße, Säure, Bitterkeit, Salze und Umami sind die 5 anerkannten Geschmacksindikatoren.

ausreichend Platz, um die Flüssigkeit im Mund bewegen zu können. Da man im Mund nicht nur schmeckt sondern auch tastet und durch die retronasale Passage riecht, nimmt man auch noch etwas Luft zu dem Wein in den Mund und bewegt ihn, um alle Bereiche der Mundhöhle auszuspülen. Mit Schaumwein wird dieser Schritt etwas abgeändert, denn zuviel Spülen und Kauen von Schaumwein kann eine aggressive Aktivität der Kohlensäure verursachen, die weiteres Kosten schwer beeinträchtigt. Man muss nur ein paar Tropfen die Kehle hinab rinnen lassen, um die vollen Geruchs-, Geschmacks- und Tastmerkmale wahrzunehmen. Den restlichen Wein spuckt man aus, um eine Abstumpfung der Sinne durch Alkohol zu vermeiden. Zum Beurteilen des Geschmacks von Wein konzentriert man sich darauf, wie süß, sauer und bitter der Wein ist. Meist übersteigt die Menge an Salzen oder Umami im Wein unsere Wahrnehmungswelle bis zum Identifizierungspunkt nicht, aber man sollte auch diesen Aspekten aufmerksam begegnen.

Übung für den Geschmacksinn

Gebraucht wird

- 7 Karaffen mit jeweils einem Liter neutralem Trinkwasser gefüllt
- 4 Päckchen Saccharose zu je 6 g
- 2 Päckchen Weinsäure zu je 0,6 g
- 1 Päckchen Kochsalz zu 0,8 g
- 2 Päckchen Chininhydrochlorid zu je 0,4 mg
- 80 g reines Ethylalkohol
- 4 Weingläser pro Person

Übungsvorgang

Saccharose, Weinsäure, Kochsalz, Chininhydrochlorid und Ethylalkohol kann man in einer Apotheke abwiegen und abpacken lassen. Nummerieren Sie die Karaffen 1 bis 6. In jede Karaffe wird eine andere Substanz zugesetzt und gut gerührt bis sie sich auflöst:

Nr. 1 = 6,0 g Saccharose
Nr. 2 = 0,6 g Weinsäure
Nr. 3 = 0,8 g Kochsalz
Nr. 4 = 4,0 mg Chininhydrochlorid
Nr. 5 = 6,0 g Saccharose + 0,6 g Weinsäure
Nr. 6 = 6,0 g Saccharose + 80 g Ethylalkohol
Nr. 7 = 6,0 g Saccharose + 4,0 mg Chininhydrochlorid

Lassen Sie die Karaffen 1 bis 4 in eine Ihnen unbekannte Reihenfolge bringen. Schenken Sie sich von jeder der vier Karaffen jeweils ein Verkostungsglas ein. Sie werden merken, dass jedes farb- und geruchlos ist. Jetzt verkosten Sie aus jedem Glas und beobachten, ob es süß, sauer, salzig oder bitter schmeckt. Sobald Sie entschieden haben, was in welchem Glas ist, verkosten Sie nochmals und beobachten, in welcher Mundregion Sie diesen Geschmack am deutlichsten spüren. Obwohl alle unsere Geschmacksknospen Schmeckzellen haben, die alle vier Grundgeschmäcker wahrnehmen, spüren wir diese auf der Zunge in unterschiedlicher Intensität. Dies variiert etwas von Mensch zu Mensch, aber allein der Gedanke an etwas Süßes lässt das Wasser im Mund bei der Zungenspitze rinnen, und nach dem Schlucken bleibt bei vielen Menschen das angenehme Gefühl von Süße hinten im Rachenbereich haften. Sauer spürt man hauptsächlich an den Seitenrändern der Zunge und es bewirkt ein Zusammenziehen der Wangen, Spitzen der Lippen und erhöhten Speichelfluss. Salzig empfindet man zuerst meistens an den vorderen Seitenrändern. Bitter spürt man vor allem in der Mitte des hinteren Zungenbereichs und in Übermaß erzeugt es Abscheu und ein fast reflexartiges Herausstrecken der Zunge.

Als nächstes füllt man die Gläser mit der süßen und sauren Lösung wieder auf und nimmt ein drittes, frisches Glas und schenkt die Saccharose-Weinsäure-Lösung ein. Vergleichen Sie die süße und die saure Lösung mit der süß-sauren Lösung. Obwohl die Mischung gleich viel Saccharose enthält wie die süße Lösung, schmeckt sie

Temperatur, Körper, Tannin, Dynamik, Alkohol und Länge des Abgangs werden im Mund ertastet.

weniger süß. Die gleiche Empfindung hat man beim Vergleich zwischen der süß-sauren Mischung mit der sauren Lösung. So wird demonstriert, wie süß und sauer sich gegenseitig sensorisch abmildern. Wie Alkohol das Empfinden von Süße steigert, kann man erfahren, indem man die Lösungen von Karaffe Nr. 1 und Nr. 6 vergleicht. Das Vermindern von Bitterkeit durch Süße kann nachvollzogen werden, wenn man die Lösungen von Karaffe Nr. 1, 4 und 7 nebeneinander verkostet.

Eine Frage des Gefühls

Der Tastsinn ist der allererste Sinn, mit dem Menschen ihre Umgebung wahrnehmen. Schon im Mutterleib wird er trainiert, und man kann gut beobachten, wie Säuglinge und Kleinkinder ihre Umwelt mit dem Tastsinn erforschen, indem sie alles in den Mund nehmen. Unser Tastsinn im Mund bleibt auch im Erwachsenenalter sehr ausgeprägt, denn unsere Zunge ist doppelt so empfindlich wie unsere Fingerspitzen. Das erklärt auch das bekannte Phänomen, dass sich ein mit der Zunge ertastetes Loch im Zahn viel größer anfühlt als es tatsächlich ist.

Drei Sinne werden innerhalb des Mundes eingesetzt: Riechen (retronasal), Schmecken und Tasten. Obwohl es zwischen diesen drei Sinnen enge Zusammenspiele gibt, sollen die Aspekte des Tastsinns im Mund so wie die anderen Sinne separat behandelt werden. Um das Verhältnis der drei Sinne zueinander zu verstehen, sollte man erst jeden einzelnen genauer betrachten; es wird allzu oft gerade der Bedeutung des Tastsinns in der Weinsensorik zu wenig Beachtung geschenkt.

Das Australian Wine Research Institute hat in diesem Bereich viel Forschungsarbeit geleistet und ein eigenes Mouthfeel

Wheel, ähnlich dem Aromarad von Professorin Noble von der Universität Davis, entwickelt um einige Vokabel zur Beschreibung der taktilen Empfindung eines Weines zu vermitteln. Dominique Delteil vom Institute Coopératif du Vin hat eine ausgezeichnete Technik zum Erkennen der Aspekte des Mouthfeel für Rotweine entwickelt. Bei diesem Verfahren spielt das Timing eine große Rolle, denn die verschiedenen taktilen Aspekte eines Weines erreichen zu unterschiedlichen Zeitpunkten ihre größte Ausprägung und werden daher in bestimmter chronologischer Reihenfolge wahrgenommen.

Der Tastsinn nimmt Druck, Vibration, Reize, und Temperatur wahr. Mit diesem Sinn beurteilen wir die Textur, den Körper, das Tannin, den Alkohol und die Dynamik eines Weines. Oft werden diese Eindrücke, die vom Tastsinn im Mund vermittelt werden, irrtümlich als Geschmack interpretiert. Dies erklärt sich daraus, dass auch die fünf Geschmacksrichtungen (süß, sauer, salzig, bitter und umami) taktile Eigenschaften haben.

Wie funktioniert der Tastsinn?

Die Haut ist unser größtes Sinnesorgan. Auf ihr befinden sich unterschiedliche Rezeptoren für Druck, Berührung, Kälte, Wärme und Vibration. Eine sehr wichtige Aufgabe unseres Tastsinns besteht darin, uns vor möglichen Gefahren zu warnen durch die Vermittlung von Schmerzreizen. Reize unterhalb einer gewissen Schwelle werden als angenehm empfunden, überschreiten sie aber eine gewisse Grenze von Dauer oder Ausmaß, werden sie als unangenehm oder gar schmerzhaft empfunden. Kältereize werden von den Krauseschen Endkolben wahrgenommen und durch Temperatur, aber auch chemische Reize wie etwa Menthol aktiviert. Wärmereize werden von den Ruffinischen Endbüscheln an das Hirn weiter geleitet und werden auch von Temperatur

oder chemischen Reizen, wie Capsaicin, aktiviert. Die Merkel-Zellen reagieren auf Druck und die Meissnerschen Körperchen auf Berührung. Die Paccinischen Körperchen sind darauf spezialisiert, Vibrationen zu registrieren. In unserer ganzen Mundhöhle von den Lippen bis zum Rachen befinden sich taktile Rezeptoren und unsere Zunge besitzt eine Dichte an Rezeptoren, die jene an unseren Fingerspitzen übertrifft. Unterschiedliches Adaptionsverhalten bestimmt die sensorischen Eigenschaften der einzelnen Sensoren.
Obwohl unser Mund die größte Rolle beim Tasten in der Weinsensorik spielt, ist auch die taktile Wahrnehmung unseres ganzen Gesichtes, nicht ohne Bedeutung. Schon beim Riechen, wenn man die Nase über den Wein hält kann man einen hohen Gehalt an Schwefeldioxid oder Alkohol spüren. Sie werden als Reize an der Gesichtshaut, etwa an der Nase oder um die Augen wahrgenommen.

Aspekte des Tastens und Vokabel zur Beschreibung

Die Aspekte eines Weines, die man durch den Tastsinn wahrnimmt, sind Temperatur, Körper, Tannin, Dynamik, Alkohol und Länge des Abgangs. Der Tastsinn übt wie der Geruchssinn großen Einfluss darauf aus, wie wir den Geschmack empfinden. Übermäßige Säure oder Bitterkeit werden von den Berührungsrezeptoren als Schmerz empfunden und können auch abstoßende oder zurückziehende Reflexe auslösen. Umami und Süße werden wiederum eher als angenehm und schmeichelnd von unserem Tastsinn empfunden.

Die Temperatur soll bei der Weinsensorik nicht außer Acht gelassen werden. Viele Düfte werden von Weinen, die zu kalt sind, nicht frei gesetzt. Ist ein Wein zu warm, wirkt er oft zu alkoholisch. Säure und Kohlensäure werden bei kühleren Serviertemperaturen eher als erfrischend und angenehm empfunden, bei wärmeren Temperaturen schärfer. Die Sensibilität für Salz, Bitterkeit und die adstringierende Wirkung von Tannin ist bei niedrigen Temperaturen höher. Umgekehrt nimmt die Sensibilität für Süße bei höheren Temperaturen zu. Es folgt daraus, dass die Weintemperatur niedriger sein bei höherem Säuregehalt und höher bei höherem Tanningehalt. Man kann fast jedem Weinbuch die idealen Servier- bzw. Trinktemperaturen entnehmen. Diese empfohlenen Temperaturen zeigen die Weine sehr vorteilhaft, aber die idealen Weintemperaturen für eine professionelle sensorische Analyse sind für alle Weine etwas wärmer und liegen zwischen 14 Grad und 20 Grad Celsius. Ist die Temperatur eines Weines während einer Verkostung zu warm oder zu kalt, sollte das vom Verkoster berücksichtigt und in der Verkostungsnotiz festgehalten werden.

Alkohol ist in jedem Wein enthalten und ob der Alkohol gut integriert ist oder nicht, hängt von seinem Reichtum an Aromen und Extrakt ab. Weine mit über 13 Prozent Alkohol bewirken bereits beim Riechen Gefühle von Wärme an der Nasenspitze und der Oberlippe, manchmal sogar in den Augen. Das Wärmegefühl kombiniert mit Viskosität und reifer Frucht oder ein süßliches Gefühl deuten auf einen höheren Alkoholgehalt hin. Geübte Verkoster können meist den Alkoholgehalt bis auf ein halbes Volumprozent genau einschätzen. Alkohol hat Einfluss auf den Körper und das Empfinden von Süße. Bei der Bewertung des Alkohols werden folgende Vokabel vorgeschlagen: leicht, mittel, kraftvoll und brandig.

Körper ist die Summe von Alkohol, Glyzerin, Restsüße und anderen Extraktbestandteilen und bezeichnet das Ausmaß des Gewichts und die mundfüllende Wirkung eines Weines. Vokabelvorschläge zur Beschreibung von Körper sind: dünn, schlank, mittel, kräftig, voll, voluminös und üppig.

Tannin bestimmt weitgehend die Textur eines Rotweines.

Die Textur ist das Gesamtgefühl oder die Konsistenz eines Weines im Mund. Bei Rotweinen wird sie weit gehend von Gerbstoffen bzw. Tannin bestimmt. Tannin wird als Adstringens empfunden und hinterlässt im Mund das Gefühl von Reiben, Scheuern, Zusammenziehen oder Austrocknen. Dies entsteht, weil Phenole mit dem Eiweiß des Speichels reagieren und dessen Schmierwirkung herabsetzen. Die adstringierende Wirkung ist abhängig von Menge und Qualität der Gerbstoffe (Tannine) und wird durch das taktile Empfinden von Viskosität, Bitterkeit und Säure beeinflusst. Die sensorische Qualität des Tannins wird durch den Polymerisationsgrad und das Tannin-Anthocyan-Verhältnis bestimmt. Das Tannin und die Textur eines Weines sind am leichtesten mit Textilien oder verschiedenen Lebensmitteln zu vergleichen. Eine Auswahl für mögliche Beschreibungsvokabel sind: wässerig, weich, seidig, cremig, sämig, satinartig, samtig, kernig, rau, hart und grob.

Dynamik ist die Bewegung, also Vibration, Elastizität oder der Eindruck von Reibungswiderstand eines Weines. Am anschaulichsten wird dies am Beispiel des taktilen Eindrucks, den die Kohlensäure eines Schaumweines oder eines jungen Weißweines hinterlässt. Es gibt aber auch andere Reize, die einen dynamischen Eindruck machen. Manche Weine haben eine Pfeffrigkeit oder Würze, die Wärme verbreiten – man kann an manchen Syrah, Zinfandel oder Grünen Veltliner denken. Hohe Gehalte an Schwefeldioxid können ein unangenehmes Stechen in der Nasenschleimhaut oder im Rachen nach dem Schlucken verursachen. Auch die taktilen Eindrücke von Säure, Bitterkeit, Salz, Süße und Umami können wahrgenommen werden. Vokabelvorschläge zur Beschreibung der Dynamik eines Weines sind: aggressiv, stechend, spritzig, lebhaft, sanft prickelnd, fein moussierend, pfeffrig, griffig, fleischig, zäh und klebrig.

Die Länge des Abgangs kann man ebenfalls in der Mundhöhle tasten. Die Fülle an sensorischen Eindrücken kann man auf der gesamten Länge des Mundraumes, vom vorderen Gaumen und der Zungenspitze bis weit hinten in den Rachenraum spüren oder es kann auch so scheinen, als ob der Wein am Anfang der Zunge verschwindet bevor er überhaupt den hinteren Teil des Mundes erreicht. Die Dauer des Abgangs kann man in Sekunden angeben: drei bis vier Sekunden ist kurz, vier bis acht Sekunden ist mittel, acht bis zwölf Sekunden ist lang und bei über zwölf Sekunden darf man „unendlich“ schwärmen.

Tasten, die Technik

Man nimmt einen ordentlichen Mund voll Wein, genug, um auch seine feineren Nuancen wahrzunehmen, aber nur so viel, dass noch ausreichend Platz bleibt, um die Flüssigkeit im Mund bewegen zu können (ca. zehn Milliliter). Zunächst lässt man, ohne den Wein im Mund zu bewegen oder Luft dazuzuholen, den Wein im Mund ruhen und konzentriert sich auf die Intensität des taktilen Druckes auf der Zunge, den Lippen und dem Raum vor der Zunge. Um die Tanninintensität am besten zur Geltung zu bringen, bewegt man die Zunge jetzt zweimal auf dem oberen Gaumen von hinten nach vorne und merkt die Stärke und Art des Reibens am Gaumen. Jetzt kann man ausspucken und sich danach auf das Gefühl von Adstringenz konzentrieren. Um das zu verdeutlichen, kann man die obere Lippe zweimal über die oberen vorderen Zähne bewegen und merkt die Intensität des Reibens. Danach kann man die Zunge wieder zweimal von hinten nach vorn über den oberen Gaumen bewegen und den Grad des Austrocknens und der Reibung notieren. Weil das taktile Gefühl von Bitterkeit am längsten andauert, kann man sie, falls vorhanden, am hinteren Drittel der Zunge spüren. Zum Schluss betrachtet man die Länge und Dauer des Abgangs.

Übung für den Tastsinn

Tannin (Gerbstoff) ist kein statischer Wert im Wein, denn Tannin unterliegt dem Prozess der Polymerisierung während der Flaschenlagerung und starke sensorische Änderungen finden in deren Verlauf statt. Bitterkeit kann von den Kernen und Rappen nicht völlig reifen Traubenmaterials stammen. Diese Bitterkeit verschwindet im Laufe des Alterungsprozesses kaum. Adstringenz ändert sich hingegen schon. Während der Lagerung und Alterung der Rotweine unterliegen Gerbstoffe und Anthocyane dem Polymerisationsprozess. Dessen Auswirkung auf die Sensorik des Weines ist unter anderem vom Tannin-Anthocyan-Verhältnis abhängig. In farbarmen Rotweinen polymerisieren bevorzugt Tanninmoleküle untereinander, einhergehend mit einer Verstärkung der Adstringenz. Stehen jedoch genügend Anthocyane zur Reaktion mit dem Tannin zur Verfügung, vermindert sich diese Adstringenz. Der Unterschied zwischen

Adstringenz und Bitterkeit ist nicht für jeden Verkoster klar ersichtlich, aber sehr wichtig für die sensorische Bewertung von Tannin. Die folgende Übung soll den Unterschied für den Verkoster verdeutlichen.

Gebraucht wird
- 2 Karaffen mit jeweils einem Liter neutralem Trinkwasser gefüllt
- 1 mg Chininhydrochlorid
- 1 mg Ammoniumeisensulfat

Übungsvorgang
Chininhydrochlorid und Ammoniumeisensulfat in jeweils einem Liter Wasser auflösen. Verkosten und vergleichen Sie die zwei Lösungen und Sie werden garantiert nie wieder Bitterkeit und Adstringenz verwechseln!

Gesamteindruck, Qualitätsbeurteilung und sprachliche Vermittlung

Alle Aspekte, die wir mittels Sehen, Riechen, Schmecken und Tasten wahrnehmen, haben gegenseitig aufeinander Einfluss. Die Betrachtung dieses Zusammenspiels aller sensorischer Aspekte eines Weines kombiniert mit Wissen und Erfahrung über Traubensorten, Regionen, Vinifikationsmethoden, Jahrgänge und Entwicklungspotenzial stellt die Basis für fundierte Schlussfolgerungen und Qualitätsbeurteilungen dar. Wie man zu einem sensorischen Gesamteindruck und einer Qualitätsbeurteilung kommt und diese in Worte und Zahlen ausdrücken kann, wird in diesem Kapitel erörtert.
Dazu wird zunächst die Technik der Weinsensorik in Kurzform zusammengefasst und wiederholt.

Technik der Weinsensorik in Kurzform

Die Technik der Weinsensorik lässt sich in Schritte einteilen. Während dieser Schritte werden Augen, Nase und Gaumen eingesetzt, wobei jeweils meist mehr als ein Sinn benutzt wird.

Schritt 1: Sehen

Schauen Sie, das Glas aufrecht vor einem weißen Hintergrund haltend, von oben nach unten in das Glas. Achten Sie vor allem auf Klarheit und Farbtiefe.

Schritt 2: Sehen

Halten Sie das Glas in Augenhöhe und schauen Sie horizontal direkt ober- und unterhalb der Weinoberfläche und notieren Sie, ob Kohlensäure vorhanden ist.

Schritt 3: Riechen und Tasten

Da die fragilsten Düfte sich leicht verflüchtigen können, riechen Sie zuerst ins Glas, ohne es davor zu schwenken. Die erste Geruchsempfindung ist meist richtig, also konzentrieren Sie sich und achten Sie auf Reintönigkeit, Bukett bzw. Geruchskategorien, Intensität, Tiefe und Komplexität. Notieren Sie, ob Sie Wärme oder Stechen an den Gesichtspartien spüren.

Schritt 4: Sehen

Halten Sie das Glas in ca. 45 Grad Neigung vor einen weißen Hintergrund und betrachten Sie den Farbverlauf vom Kern bis zum Rand. Notieren Sie Unterschiede im Farbton, Reflexe und Leuchtkraft.

Schritt 5: Schwenken, Sehen, Riechen und Tasten

Bewegen Sie das Weinglas in horizontalen Kreisen, sodass der Wein die Glassinnenseite benetzt und möglichst viele Duftmoleküle frei gesetzt werden. Notieren Sie die Viskosität und riechen Sie nochmals ins Glas. Gibt es einen anderen oder ergänzenden Eindruck von Reintönigkeit, Bukett bzw. Geruchskategorien, Intensität, Tiefe und Komplexität, notieren Sie diesen. Beobachten Sie, ob Sie Wärme oder Stechen an den Gesichtspartien spüren.

Schritt 6: Schmecken, Tasten und Riechen im Mund

Ist der Wein relativ einfach strukturiert, kann er häufig mit nur einem Durchgang im Mund beurteilt werden. Ist der Wein komplex, kann man die folgende Vorgangsweise wiederholen.

Nehmen Sie einen Mund voll Wein (ca. zehn Milliliter) und lassen ihn zunächst im Mund ruhen und achten Sie auf Temperatur und Körper. Bewegen Sie die Zunge jetzt auf dem oberen Gaumen zweimal von hinten nach vorne und notieren Sie die Tanninintensität. Jetzt kann man noch Luft in den Mund aufnehmen und den Wein in alle Bereiche der Mundhöhle spülen. Konzentrieren Sie sich auf den Geschmack von Süße, Säure, Salz und Umami sowie Alkoholgehalt und Dynamik und darauf, ob sich die Geruchskomponenten wieder bestätigen oder ergänzen lassen.

Schritt 7: Ausspucken

Alkohol dämpft die Wahrnehmungsfähigkeit der Sinne. Wenn man den letzten Wein genauso gut wie den ersten beurteilen möchte, ist es notwendig, die Weine nicht zu schlucken, sondern auszuspucken. Niemand kann behaupten, ausspucken sei elegant, aber es ist möglich, dies mit etwas Übung sauber und halbwegs „würdevoll" auszuführen. Zuerst lässt man einige Tropfen die Kehle hinunterlaufen, bevor man ausspuckt. Ziehen Sie dazu die Lippen zusammen und drücken den Wein in einem Strahl heraus. Danach konzentrieren Sie sich auf Bitterkeit und Tannintextur sowie auf die Länge und Dauer des Abgangs.

Der sensorische Gesamteindruck und Schlussfolgerungen

Die Zusammenfassung des sensorischen Gesamteindrucks ist der Schlüsselteil der Weinsensorik. Ein Wein ist immer mehr als die Summe seiner Teile. Das Zusammenspiel aller von den vier Sinnen wahrgenommenen Aspekte wird betrachtet und beurteilt.

- Der Abgang ist ein entscheidender Faktor für den Gesamteindruck. Die Dauer, die physische Länge der sensorischen Eindrücke im Mund sowie seine Komplexität und sein Charakter sind wichtige Qualitätskriterien. Vokabelvorschläge zur Beschreibung des Abgangs sind: unappetitlich, rustikal, einfach, eindimensional, charmant, elegant, komplex, und tiefgründig.
- Struktur ist das Zusammenspiel von Säure, Körper, physische Länge und Intensität. Vokabelvorschläge zur Beschreibung der Struktur sind: schmal, filigran, geradlinig, fokussiert, ziseliert, vielschichtig, mächtig und breitschultrig.
- Ausgewogenheit oder Harmonie ist die Beziehung der Hauptkomponenten Alkohol, Säure, Restsüße, Tannin und Aroma zueinander. Ist bei einer oder mehreren Komponenten ein unangenehmes Extrem oder ein Mangel vorhanden, ist das als unharmonisch zu beschreiben. Dieses Urteil bedarf etwas Erfahrung. Jungweine, die für eine längere Entwicklung in der Flasche bestimmt sind, können sich zwar momentan in einer unausgewogenen Phase befinden, aber trotzdem ein vielversprechendes sensorisches Profil besitzen. Es gibt kein einheitliches, perfektes Rezept hinsichtlich der Ausgewogenheit für alle Weine, sondern verschiedene Erwartungshaltungen für unterschiedliche Traubensorten und Regionen. (vgl. dazu ab S. 83 die ausführlicheren Information über Traubensorten und Regionen.)

- Charakter bezeichnet die Positionierung hinsichtlich ästethischer Ideale wie Komplexität vs. Klarheit oder konzentrierte Macht vs. fragile Finesse. Diese konträren Ideale sind gleichwertig und beide positiv. Beschreibungsvokabel wie derb, fad oder ordinär sind hingegen negativ zu interpretieren und süffig oder unkompliziert sind eher neutrale Ausdrücke.

Die Schlussfolgerung

Die Schlussfolgerung fasst den Gesamteindruck von der Qualität zusammen und wird mit folgenden Vokabeln beschrieben: fehlerhaft, leicht fehlerhaft, durchschnittlich, akzeptabel, gut, sehr gut, ausgezeichnet, hervorragend und außergewöhnlich.
Weiters ist in der Schlussfolgerung zu notieren:

- Das Entwicklungsstadium ist die Position eines Weines auf der Kurve seiner Trinkreife. Ob ein Wein zu jung oder zu alt oder gerade richtig für den Genuss ist, kann man anhand verschiedener Kriterien entscheiden. Vokabelvorschläge zur Beschreibung des Entwicklungsstadiums sind: jugendlich, am Reifepunkt, gereift, müde und oxidiert.
- Potenzial ist die weitere Entwicklungs- und Lagerfähigkeit eines Weines. Einfache Weine sind großteils gemacht, um jung getrunken zu werden. Frische und Lebendigkeit in allen Aspekten sind wünschenswerte Eigenschaften bei diesen einfachen Trinkweinen. Bei ersten Alterszeichen ist ein rascher Verbrauch zu empfehlen. Nur fünf Prozent der Weine sind für eine längere Flaschenlagerung bestimmt. Wie lange ein Wein in der Flasche unter idealen Lagerungsbedingungen altern kann, hängt von der Qualität des Traubenguts, der Traubensorte, der Vinifikation und dem Jahrgang ab. Wissen und Erfahrung über die Region, das Weingut und Traubensorten spielen auch in einer Langzeitprognose eine Rolle. Mehr über weinsensorische

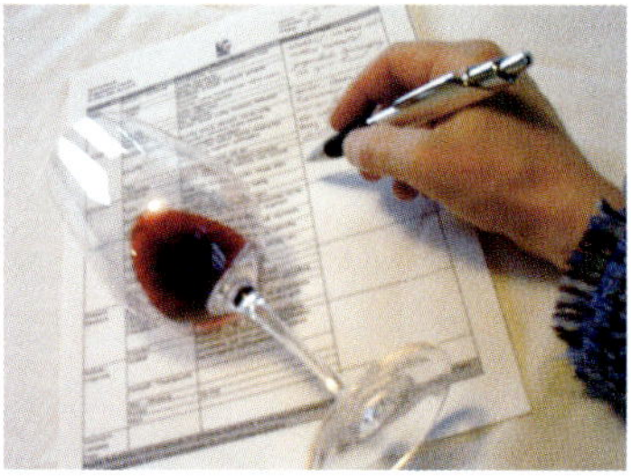

Muster einiger Traubensorten und Regionen sind jeweils ab S. 83 und S. 91 nachzulesen.

Die Notizen sollen mindestens den Namen und Jahrgang des Weines, eine kurze Beschreibung und eine Meinung beinhalten.

Weinverkostungsnotizen

Das Verfassen von Weinverkostungsnotizen dient vielen Zwecken:

- Unterstützung des eigenen Gedächtnisses
- Intensivieren der eigenen Erfahrung
- Verfolgung des Entwicklungsverlaufes von Weinen über längere Zeiträume
- Vermitteln von Eindrücken und Qualitätsbeurteilungen an Dritte

Will man die sensorische Analyse an Dritte vermitteln, ist es wichtig, die Bedürfnisse und Kenntnisse der Zuhörer oder Leser zu berücksichtigen. Man will von Eindrücken und Beurteilungen ein realistisches und nachvollziehbares Bild in einer deutlichen und leicht verständlichen Sprache vermitteln. Es gibt eine so genannte Weinsprache, also stark spezialisierte Vokabel für die Beschreibung von Weinen, die unter Fachleuten verstanden werden. Benutzt man diese Vokabel außerhalb bestimmter Fachkreise, würde dies wegen ihrer Kompliziertheit von der Disziplin der Weinsensorik möglicherweise abschrecken. Die Weinsprache wurde oft kritisiert, weil es keinen erfassten international anerkannten Standard gibt und leider oft zweideutige, ungenaue, übertriebene oder gar unsinnige Ausdrücke benutzt werden. Eine zu ausführliche und blumige Weinbeschreibung kann vielleicht einen Gleichgesinnten für einen Wein begeistern, aber einem weniger interessiertem Publikum als esoterische Spinnerei oder gar Snobismus erscheinen. Der Sinn einer Weinbeschreibung besteht nicht darin, aus Wein ein ungreifbares Mysterium zu machen, sondern Begeisterung und Kritik für ein sehr interessantes „Volksgetränk" mitzuteilen.

Es folgen Vokabelvorschläge für eine verständliche Weinbeschreibung. Die Liste ist keineswegs vollständig und soll lediglich als Anhaltspunkt dienen. In der Umschlagklappe dieses Buches stehen zwei Formulare für Verkostungsnotizen zum Kopieren zur Verfügung. Durch das Benützen dieser Formulare, gemeinsam mit der Liste von Gerüchen – als Brücke zu manchmal ungreifbarerer Aroma-Identifikation –, kann innerhalb relativ kurzer Zeit viel Erfahrung gesammelt werden und das Gedächtnis wird ausgezeichnet trainiert und unterstützt.

Sehen

- **Klarheit und Leuchtkraft:** leuchtend klar, strahlend-transparent, matt-wolkig, trüb-dumpf
- **Farbtiefe:** blass, mittel, intensiv
- **Farbton/Weißwein:** grüngelb, strohgelb, goldgelb, Bernstein
- **Farbton/Rotwein:** Lachs, Zwiebelschale, hellrot, purpurn, rubin, ziegelrot, braunrot, orangerot
- **Viskosität:** leicht, mittel, hoch
- **Kohlensäure:** fein, aggressiv

Riechen

- **Reintönigkeit:** sauber, dumpf, muffig, unsauber, fehlerhaft
- **Bukett (Geruchskategorien):** fruchtig, blumig, pflanzlich, würzig, erdig-mineralisch, chemisch, holzig-rauchig, mikrobiologisch, animalisch
- **Intensität:** verhalten, zart, delikat, dezent, ausgeprägt, konzentriert, explosiv, aufdringlich
- **Tiefe:** oberflächlich, leicht, voll, tief
- **Komplexität:** einfach, rustikal, solid, elegant, komplex

Schmecken

- **Süßegrad:** trocken, halbtrocken, halbsüß, süß, picksüß
- **Säure:** schal, mild, gut eingebunden, erfrischend, rassig, spitz, aggressiv, stahlig
- **Bitterkeit:** leicht und angenehm, grün, hantig, unangenehm, grob, kratzig, herb
- **Salze:** leicht salzig, Mineralsalz, Seetang
- **Umami:** leicht, pikant, würzig

Tasten

- **Temperatur:** in Grad Celsius einschätzen
- **Alkohol:** leicht, mittel, kraftvoll, brandig
- **Körper:** dünn, schlank, mittel, kräftig, voll, voluminös, üppig
- **Textur (Tannin):** wässerig, weich, seidig, cremig, sämig, satinartig, samtig, kernig, rau, hart, grob
- **Dynamik:** aggressiv, stechend, spritzig, lebhaft, sanft prickelnd, pfeffrig, fein moussierend, griffig, fleischig, zäh, klebrig
- **Abgang (Länge und Dauer):** kurz, mittel, lang, unendlich

Gesamteindruck

- **Abgang:** unappetitlich, einfach, eindimensional, charmant, elegant, komplex, tiefgründig
- **Entwicklungsstadium:** jugendlich, gereift, am Höhepunkt, müde, oxidativ
- **Struktur:** schmal, filigran, geradlinig, fokussiert, ziseliert, vielschichtig, mächtig, breitschultrig
- **Ausgewogenheit:** unharmonisch, harmonisch
- **Charakter:** derb, fad, ordinär, unkompliziert, süffig, komplex, klar, fragil, finessenreich, konzentriert, mächtig
- **Potenzial:** trinken ab … bis … mit/ohne Entwicklung

Qualität

fehlerhaft, leicht fehlerhaft, durchschnittlich, akzeptabel, gut, sehr gut, ausgezeichnet, hervorragend, außergewöhnlich

Bewertungsskala

Weinkritiker benutzen sehr oft Punkte, Sterne oder dergleichen in Zusammenhang mit Verkostungsnotizen. Die bekanntesten Bewertungssysteme sind das 20-Punkte-Schema, das 5-Sterne-Schema und das 100-Punkte-Schema. Zusätzlich gibt es bei jedem Schema einige Varianten im System der Punkteverteilung. Viele Konsumenten missverstehen diese Bewertungssysteme als endgültige und absolute Qualitätsmaßstäbe, ohne die erwähnten Abweichungen zu berücksichtigen. Die Punkte sind ohne eine begleitende Weinbeschreibung von wenig Bedeutung für Ungeübte. Ein Wein kann sich im Laufe seiner Entwicklung innerhalb eines sehr kurzen Zeitraums sehr stark verändern. Auch Flaschenvariationen, Lagerungsschwankungen, Verkostungsbedingungen und Reihenfolge der verkosteten Weine spielen eine Rolle. Eine ausführliche Verkostungsnotiz beinhaltet Zeitpunkt der Verkostung, Vergleiche mit ähnlichen Weinen und eine Prognose für die Trinkreife. Leider werden die vergebenen Punkte von Weinhändlern oft falsch zitiert oder als Verkaufsargument missbraucht. Nur weil ein Wein 92 Punkte von dem einflussreichen amerikanischen Weinkritiker Robert Parker bekam, heißt es nicht unbedingt, dass er besser oder teurer sein muss als einer mit neunzig „Parker-Punkten".

Manchmal werden Punkte von einer Jury anstatt von einer einzelnen Person vergeben. Dabei hinterfragt der Weinkonsument leider oft allzu wenig den Hintergrund. Es gibt starke Unterschiede in den Fähigkeiten der Juryteilnehmer und auch in der Interpretation der Bewertungsskala. Die voneinander oft sehr stark abweichenden Bewertungen führen zu verwirrenden Durchschnittszahlen an Punkten. Keine der Bewertungskalen ist perfekt und es gibt starke Abweichungen. Ob man fünf,

Beim Verkosten von sehr vielen Weinen werden Verkostungsnotizen kurz gehalten.

zwanzig oder hundert Punkte benutzt, hängt manchmal von Qualität oder Zahl der zu verkostenden Weine ab. Wird eine große Zahl an einfachen Weinen ohne viel Ausdruck verkostet, kann ein 5-Punkte-System ohne Verkostungsnotizen durchaus sinnvoll erscheinen. Die Unterschiede zwischen 20-Punkte- und 100-Punkte-System sind geringer als man meinen würde. Manche Kritiker von Robert Parkers „Wine Advocate Rating System" bemerken, dass nur fünfzig von hundert Punkten in der Realität vergeben werden oder dass 100 Punkte einfach zuviel sind. Bei den vielen verschiedenen 20-Punkte-Systemen werden häufig auch Zehntelstellen benutzt, was dann in einem Durchschnittsergebnis einer Verkostungsjury zu einer Punktvergabe mit zwei Stellen nach dem Komma führen kann. Welches Punkte-System man benutzt wird entweder vorgegeben oder bleibt persönliche Vorliebe.

Vorschlag für eine 100-Punkte-Bewertungsskala

- **Sehen:** bis 10 Punkte

  Farbton und -tiefe und eventuelle Kohlensäure: nicht entsprechend ab 0 Punkte; besonders schön: bis 5 Punkte

  Klarheit und Leuchtkraft: opalisierend, gebrochen, faserig: ab 0 Punkte
  kristallklar, glanzhell und spiegelnd: bis 5 Punkte

- **Riechen:** bis 30 Punkte

  unappetitlich, fehlerhaft oder unansprechend: 0 Punkte
  fehlerfrei, rein, jedoch ausdruckslos: bis 10 Punkte
  entsprechend und harmonisch: bis 20 Punkte
  ausdrucksvoll mit Komplexität, Intensität, und Tiefe: bis 30 Punkte

- **Schmecken:** bis 20 Punkte

  fehlerhaft oder verdorben: 0 Punkte
  fehlerfrei, rein, jedoch leer

oder unharmonisch:
bis 10 Punkte
harmonisch jedoch wenig
Ausdruck: bis 15 Punkte
voll, rund, und charakteristisch: bis 20 Punkte

- **Tasten (im Mund):**
bis 20 Punkte

grob, scharf oder
unangenehm: 0 Punkte
glatt bis geschmeidig, jedoch
dünner kurzer Abgang:
bis 5 Punkte
geschmeidig, dynamisch, mittlerer Abgang: bis 15 Punkte
geschmeidig, dynamisch, vollmundiger und langer Abgang:
bis 20 Punkte

- **Gesamteindruck:**
bis 20 Punkte

jeweils für Abgang, Struktur, Ausgewogenheit und Charakter bis 5 für insgesamt maximal 20 Punkte

- **Gesamtbewertung:**
bis 100 Punkte

0-50: fehlerhaft
51-60: leicht fehlerhaft
61-70: unterdurchschnittlich
71-80: akzeptabel
81-85: durchschnittlich
86-90: gut bis sehr gut
91-95: ausgezeichnet
96-100: hervorragend, außergewöhnlich

Weinsensorische Muster

Wie bei Musik oder Kunst lernt der Weinverkoster erst mit Erfahrung und Wissen Form, Farbe und Textur zu erkennen, Harmonie und Kontrast zu verstehen. Konzentration, Erfahrung und Gedächtnis sind die Werkzeuge der Weinsensorik, mit denen Muster und Variationen wahrgenommen und interpretieret werden. In diesem Kapitel werden einige Beispiele für weinsensorische Muster nach Traubensorten und regionalen Stilen beschrieben. Abschließend werden auch sensorische Merkmale der häufigsten Fehler in Flaschenweinen beschrieben.

Traubensorten

Obwohl es rund achttausend identifizierte Traubensorten gibt, sind „nur" ein paar hundert für den internationalen Weinbau wirklich von Bedeutung. Eine Vielzahl dieser Weintraubensorten ist für einfachen Tischwein bestimmt und ihre Hauptqualitäten liegen in ihren hohen und verlässlichen Erträgen und nicht in ihren eher unauffälligen sensorischen Merkmalen. Für anspruchsvolle Qualitätsweine ist nur eine kleine Zahl an Traubensorten von signifikanter Bedeutung. Die vier wichtigsten dieser edleren Sorten sind Cabernet Sauvignon, Chardonnay, Pinot noir und Riesling.

Cabernet Sauvignon und Chardonnay sind die Lieblinge der Weinwelt. Sie werden in fast jedem Weinland der Welt erfolgreich kultiviert. Beide sind dankbare, relativ unproblematische Sorten im Weingarten und im Keller. Große Weine von diesen Reben tragen eher die Handschrift der Winzer als des Terroirs. Pinot noir und Riesling sind etwas launenhafter und anspruchsvoller. Pinot noir verlangt eine sensible Hand, besonders mit neuem Holz und bei Riesling ist der Holzausbau allgemein nicht so üblich. Klima, Boden und Jahrgang kommen bei diesen zwei Sorten, die als „Sprachrohr" des Terroirs bezeichnet werden können, deutlich zum Vorschein. Ganz gleich, ob von Winzerhand oder

Terroir geprägt, alle vier Sorten – Cabernet Sauvignon, Chardonnay, Pinot noir und Riesling – verbergen ihre sortenspezifischen Eigenschaften nicht und sollten sich vom seriösen Weinverkoster ins Gedächtnis geprägt werden.

Viele Qualitätsweine werden reinsortig ausgebaut oder zumindest von einer Sorte dominiert. In der Folge werden einige der wichtigsten und am leichtesten erkennbaren Rebsorten jeweils mit ihren dominierenden sensorischen Merkmalen aufgelistet. Mit etwas Übung kann man erlernen, diese Rebsorten zu erkennen.

- **Chardonnay** ist die beliebteste Weißweinsorte der Welt und wird in fast jedem Weinland angebaut. Sein Alkoholgehalt ist mittel bis hoch und der Säuregehalt meist niedrig, es sei denn, er stammt aus kühleren Weinbaugebieten wie zum Beispiel Chablis oder der Steiermark. Chardonnay liefert weinige, vollmundige Weine, die nach Äpfel, Ananas, Melonen und Mango duften können. Die Buketts des Chardonnays sind meist von Eichenholz beeinflusst und zeigen Aromakomponenten wie Honig, Butter, Nüsse, Karamell und geröstetes Brot.

- **Riesling** wird oft als der König der Traubensorten bezeichnet. Je nach Ausbaustil kann er süß oder trocken sein, nach dichtem Honig und Petroleum duften oder von rassiger Säure, transparenter Klarheit und Feuerstein geprägt sein. Seine typischen Fruchtnuancen nach Zitrusfrüchten und Pfirsich sind fast immer erkennbar. Riesling ist fast nie in neuen Eichenfässern ausgebaut, denn diese würden sein strahlendes Aroma und das leichtfüßige Säurespiel zerstören. Sowohl süße als auch trockene Rieslinge können sich in der Flasche über mehrere Jahre entwickeln und zeigen dabei zunehmend Bukettkomponenten wie Honig, Bienenwachs und

Petroleum. Botrytisierte Dessertweine aus Riesling sind würzig und können noch zusätzlich nach Rosinen, Nüssen und Safran duften. Kühle, sonnige Weinbaugebiete wie Elsass, Niederösterreich, Deutschland und Clare Valley in Australien liefern Weltklasse-Rieslinge.

- **Sauvignon blanc** ist das Vorbild für alle frischen, jugendlichen Weißweine der Welt. Sein typisches Bukett nach Stachelbeeren, Holunder, Brennnessel, schwarzem Johannisbeerblatt und manchmal auch nach grünem Paprika und Katzenurin ist unverkennbar. Die Bedeutung des mitklingenden französischen Wortes „sauvage" ist daher oft sehr treffend. In einem wärmeren Klima entwickelt der Sauvignon Nuancen von tropischen Früchten. Diese Traube ist im Bordeaux sehr verbreitet, wo sie zusammen mit Sémillon zu süßen und trockenen Weinen ausgebaut wird. Am charakteristischen ist er aber im östlichen Loiretal, wo er mineralisch und von rassiger Säure geprägt ist. Auch in Österreich (vor allem Steiermark) und Neuseeland kann er großartig werden. In Kalifornien fällt er schwerer und reifer aus und wird wie ein Chardonnay im Barrique vergoren.

- **Muskat** ist eine große Traubenfamilie, die unter vielen Namen verbreitet ist. Es werden auch viele Weinstile erzeugt, von sehr leichten, süßen Schaumweinen über leichte und trockene Stillweine (Steiermark) bis zu süßen, schweren und gespriteten Weinen. Ganz gleich, nach

Nur wenige hochqualitative Weine profitieren von einer längeren Flaschenalterung.

welcher Stilrichtung gekeltert wurde, er schmeckt und riecht einfach direkt nach Muskattrauben, ist fast immer angenehm und immer unkompliziert.

- **Grüner Veltliner:** Obwohl er bisher fast nur in Österreich kultiviert wurde, zählt er zweifelsohne zu den großen Traubensorten der Welt. Er wird grundsätzlich in drei Stilrichtungen ausgebaut. Leicht und trocken weist er rassige Säure und den charakteristischen weißen Pfeffer, kombiniert mit Apfel und Grapefruit im Aroma, auf. Der mittelgewichtige Stil ähnelt in seiner Klarheit dem Riesling, zeigt Mineralität und leichtfüßige Struktur. Trocken und spät gelesen ist der Grüne Veltliner stoffig, cremig und wie die mittelgewichtige Version immer noch pfefferig, aber auch von einer Aromavielfalt, die von tropischen Früchten bis Tabak, Sellerie und Linsen reichen kann. Nur selten wird diese Traubensorte vom Eichenfass stark geprägt. Als Eiswein ist er eine sehr gefragte Spezialität.

- **Gewürztraminer** bevorzugt ein kühleres Klima und erzielt im Elsass, Südtirol und der Südoststeiermark seine vorbildlichsten Exemplare. Als hervorragende Spezialität wird er auch in Deutschland, der Schweiz, Washington, Oregon, Sonoma Valley und auch in anderen, eher kühleren Regionen kultiviert. Sein extravaganter Duft nach Rosen und Litschi macht ihn unverkennbar. Gewürztraminer hat einen eher hohen Alkoholgehalt, niedrigen Säuregehalt und ist häufig halbtrocken bis lieblich, aber auch trockene und edelsüße Varianten sind nicht selten.

- **Cabernet Sauvignon** ist „everybody's darling" und wird in fast jedem Weinbauland der Welt kultiviert. Er ist kleinbeerig, dickhäutig und spät reifend. Sein typischer Geruch und Geschmack nach schwarzen Johannisbeeren ist, unabhängig vom Anbaugebiet, leicht identifizierbar. Weine aus Cabernet Sauvignon haben viel Tannin, moderaten bis hohen Alkoholgehalt und meist eine tiefe Farbe. Cabernet Sauvignon wird fast immer vom Eichenholz mit Vanille-, Zedern- oder Kokosnuancen geprägt. Einfache Weine sind leicht und etwas vegetal und zeigen Aromen wie Tomatenpflanzen oder grüne Paprika. Reife Weine haben mehr dunkle Beerenfrucht und Lakritze in der Nase. Guter Cabernet lässt sich sehr gut in der Flasche über mehrere Jahre maturieren und entwickelt dann ein komplexes, vielfältiges Bukett.

- **Pinot noir (Blauburgunder)** ist großbeerig, dünnhäutig, frühreifend, frostempfindlich und neigt leicht zur Fäulnis. Eben weil es eine schwierige Traube im Weingarten und im Keller ist, hegt fast jeder Weinmacher eine Hassliebe zum Pinot noir. Er enttäuscht regelmäßig, erzielt aber oft genug ein faszinierendes Ergebnis, sodass man nicht von ihm lassen will. Er ist hell bis mittelfärbig, hat eher wenig Tannin, erfrischende Säure und eine seidige Struktur. Sein Aroma von reifen roten Waldbeeren wird manchmal von exotischen asiatischen Nuancen begleitet und ein guter Pinot entwickelt nach ein paar Jahren Flaschenlagerung eine animalische Leidenschaft, die an Waldböden und abgehängtes Wildfleisch erinnern kann. Pinot Noir wird mit bestem Erfolg im Burgund angebaut, aber man findet ihn auch in vielen anderen Regionen wie etwa Oregon, Kalifornien, Südtirol, der Schweiz, Deutschland, Österreich und sogar in Australien. Er wird auch als Weißwein für die Champagnererzeugung verwendet.

- **Dass Merlot** zweifelsohne ein großer Klassiker ist, wird von einem der teuersten Weine der Welt, dem Château Pétrus, bewiesen. In St. Emilion und Pomerol hat Merlot seinen größten Ruhm erreicht und nimmt fast doppelt so viel Rebfläche ein wie Cabernet Sauvignon in der gesamten Gironde. Merlot wird auch in fast jedem Weinland der Welt mit Erfolg angebaut. Seine besten Exemplare sind mittel- bis dunkelfärbig und erinnern an Heidelbeeren und Gartenkräuter. Seine Säure ist meist weicher und seine Tannine sind molliger als jene des Cabernet Sauvignon.

- **Syrah (Shiraz)** ist mittelfärbig bis nachtschwarz und wegen seines hohen Tanningehalts in der Jugend oft aggressiv und hart. Syrah kann das ganze Spektrum von schwarzen bis roten Fruchtaromen decken, verbindet diese Aromen mit rauchigen, animalischen Strukturen und rundet sie ab mit Schokolade und Pfefferkörnern. Es ist eine Rebsorte, die ein wärmeres Klima bevorzugt. Im Rhônetal und Australien werden einige der besten Syrah produziert.

- **Nebbiolo** hat seinen Namen vom Herbstnebel. Er wird hauptsächlich im Piemont angebaut und versuchsweise in der Neuen Welt. Er ist von mittlerer Farbtiefe und entwickelt relativ rasch ziegelrote Töne. Nebbiolo bringt Weine mit viel Alkohol, viel Säure und viel Tannin. Seine Aromen sind recht blumig und mineralisch und werden von eher roten Früchten wie Kirsche und Erdbeere, aber auch Pflaumen begleitet. In seiner Jugend ist Nebbiolo oft hart und unnahbar, aber im Alter, wenn die Tannine weicher werden, entfaltet er ein Bukett nach Tabak, Teer, Trüffeln und Leder.

- **Sangiovese** ist die wichtigste Rebsorte Italiens. Er hat eine mittlere Farbintensität und eher viel Säure und mittleren bis hohen Tanningehalt. Sein typischer Duft kommt nach Veilchen, kaltem schwarzen Tee, Kirschen und Pflaumen.

- **Gamay** ist die einzige Rebsorte, die für Beaujolais

erlaubt ist. Erzeugt unnachahmliche frische, fruchtige und unkomplizierte Weine.

- **Tempranillo** ist hauptsächlich in Spanien und Portugal zu finden. Die Sorte findet sich überwiegend in Cuvées und ihr eher dezenter Duft wird von seinen Verschnittpartnern sowie vom Ausbau in kleinen Eichenfässern oft übertüncht. Tempranillo hat milde Säure und Tannin und ist eher delikat und seidig.

- **Grenache** findet sich hauptsächlich in Verschnitten mit anderen Sorten. Er oxidiert relativ leicht und zeigt früh ziegelrote Reflexe, hat aber eine eher tiefe Farbe. Eine Vielzahl von Weinstilen wird von Grenache dominiert: traditionelle Rioja aus dem Baja, trockene Verschnitte mit wenig Holzprägung aus Navarra, dem südlichen Rhônetal und Languedoc-Roussillon, häufig als Rosé im gesamten Mittelmeerraum, süßer Vin Doux Naturel aus Banyuls und Maury, tiefdunkle, mächtige Weine aus Priorat oder rosinierte, manchmal leicht oxidierte Rotweine aus Sardinien.

- **Blaufränkisch (Lemberger)** ist vielleicht die anspruchvollste von den österreichischen Rebsorten und wird als Spezialität in Deutschland und Washington Lemberger genannt. Diese Sorte kommt auch in Osteuropa und Nordostitalien vor. Blaufränkisch hat eine mittlere Farbtiefe, die oft mit violetten Reflexen versehen ist und relativ hohe Säure. Sein Duft ist würzig und herb und seine Frucht erinnert an Preiselbeeren und Brombeeren. Der Abgang in bei den besseren Weinen von Mineralien geprägt.

- **Zweigelt (Rotburger)** ist eine österreichische Kreuzung der Klosterneuburger Lehranstalt aus St. Laurent mit Blaufränkisch. Er ist mittel bis kräftig in der Farbintensität und meist purpurrot. Zweigelt ist vor allem wegen seines unkomplizierten Sauer-

Mendocino, Kalifornien

Kirscharomas beliebt, wird aber auch mit unterschiedlichem Erfolg in neuen Eichenfässern ausgebaut.

- **St. Laurent** ist eine Burgunder Kreuzung von unbekannter Herkunft und erinnert auch an eine robustere Version des Pinot noir. Er ist von mittlerer Farbtiefe, eher hoher Säure und mittlerem Alkoholgehalt. St. Laurent hat einen etwas kräftigeren Gerbstoff- und Tanningehalt als Pinot noir, aber sein Aroma wird auch von roten Beeren geprägt.

- **Mourvèdre** ist eine Mittelmeertraubensorte und ist auch als Monastrell bekannt. Er liefert tieffärbige Weine mit hohem Tannin-, Säure- und Alkoholgehalt. Er ist sehr duftig und wird oft als animalisch beschrieben.

- **Zinfandel, auch Primitivo** genannt, liefert eine Vielzahl von Weinstilen, von lieblichen, wenig anspruchsvollen Rosé bis zu potenten, portähnlichen Weinen. Am besten ist er aber als parfümierter, brombeergeladener, trockener Rotwein mit erfrischender Säure und nicht allzu hohem Alkoholgehalt (bis 14 Prozent).

Regionale Weinstile

Klima und Weinbautraditionen (Traubensorten, Weinbau und Vinifikation) bestimmen oft regionale Weinstile. Diese Stile werden in klassischen europäischen Weinbaugebieten oft gesetzlich verankert. Im Folgenden sind typische weinsensorische Muster für gute Exemplare einiger wichtiger oder markanter Weinbaustile nach Land und Region aufgelistet.

Frankreich

Bordeaux:

- Rotweine sind von den Rebsorten Cabernet Sauvignon und Merlot dominiert, von mittlerer bis intensiver Farbtiefe und eher rubinfarben. Schwarze Johannisbeere, Röstaromen wie Zeder und Kaffee, Bitterschokolade und Bleistift prägen das Aroma. Die Weine sind trocken, mit gut eingebundener Säure, mittlerem Alkoholgehalt, besitzen viel Tannin und haben eine samtige bis kernige Textur.
- Weißweine sind Verschnitte aus Sémillon und Sauvignon blanc, hell bis mitteltief in der Farbe und im Duftprofil von schwarzen Johannisbeerblättern, Grapefruit, Steinobst, Bienenwachs und manchmal zarten Röstaromen geprägt. Die Weine sind trocken bis halbtrocken mit erfrischender Säure und seidig bis cremig. Meistens haben sie einen leichten bis mittleren Körper, aus Pessac-Leognan sind sie jedoch voller.
- Dessertweine sind wie die anderen Weißweine aus Sémillon und Sauvignon blanc gekeltert und von Botrytiswürze gezeichnet. Sie haben eine mittlere Farbtiefe und sind meist goldgelb. Ihr komplexes Duftprofil kann unter anderem Zitrusfrüchte, Kernobst, Honig, Lebkuchen,

Akazie und Safran zeigen. Die Weine sind süß mit erfrischender Säure, haben mittleren bis vollen Körper und sind cremig bis sämig.

Burgund:

- Rotweine sind aus Pinot noir und variieren stark je nach Jahrgang und Produzent. Sie sind hell bis mitteltief in der Farbintensität, eher granat-, aber auch dunkelrubinfarben. Rote Beeren und Blumen sind typische Düfte, aber auch erdige oder animalische Noten können dominieren. Die Weine sind trocken, haben einen leichten bis mittelvollen Körper, wenig bis mittelmäßig viel Tanningehalt, eher hohen Alkoholgehalt und sind seidig bis satinartig.
- Weißweine sind aus Chardonnay gekeltert, von blasser bis mittlerer Farbtiefe und meist strohgelb. Die Weine sind blumig, mit Kernobst, zarten Röstaromen und auch Haselnuss im Aroma. Sie sind trocken, haben mittleren bis vollen Körper und sind seidig bis cremig.

Beaujolais:

- Rotweine sind aus Gamay, blass bis mitteltief in der Farbe, eher hellrot bis rubinfarben und erinnern an Erdbeeren, Himbeeren und manchmal Banane.

Rhônetal:

- Rotweine: Hauptrebsorte im Norden ist Syrah, im Süden Grenache. Sie sind von eher intensiver Farbtiefe, purpur bis rubinrot, zeigen Waldbeeren, Blumen, Rauch und Gewürze im Aroma, haben eingebundene Säure, vollen Körper, eher hohen Alkoholgehalt und viel Tannin.
- Weißweine: Hauptrebsorte im Norden ist Viognier. Sie sind blass bis mittel in der Farbtiefe, strohgelb, im Aroma blumig mit Steinobst oder auch leichten Rauchtönen, sind trocken mit milder bis eingebundener Säure, haben vollen Körper und sind seidig bis cremig.

Champagne:

- Schaumweine sind aus Pinot Meunier, Chardonnay und

Pinot noir, von blasser bis mittlerer Farbtiefe, strohgelb bis roséfarben, zeigen langsames und ebenmäßiges Mousseux mit kleinen Bläschen, im Aroma finden sich Brioche, getoastetes Weißbrot, Hefe und Haselnuss, sie sind trocken bis halbtrocken und von leichtem bis mittleren Körper.

Loire:

- Weißweine aus Sancerre und Pouilly Fumé dienen international als Vorbild für frische, rassige, mineralische Sauvignon blanc. Ihr typisches Bukett nach Stachelbeeren, Holunder, Brennnessel, schwarzem Johannisbeerblatt und manchmal auch nach grünem Paprika und Katzenurin ist unverkennbar.

Elsass:

- Weißweine sind meist reinsortig, nach den jeweiligen Rebsorten benannt und fast nie in kleinen Eichenfässern ausgebaut. Sie sind vorwiegend trocken, aber auch halbtrockene und botrytisierte Süßweine werden produziert. Die weltberühmten Rieslinge sind eher trockener als jene in Deutschland, bekommen früher einen Hauch Petroleum und haben eine öligere Textur.

Italien

Südtirol-Trentino:

- Rotweine sind meist reinsortig und werden nach der Rebsorte oder dem Weinbaugebiet benannt. Vernatschweine (Kalterer See, St. Magdalena) sind eher leicht, tanninarm und mild. Lagrein und Teroldego sind empfehlenswerte Rebsorten von tiefer Farbe und mehr Ausprägung.

Europäische Weine haben oft eine sehr stark ausgeprägte regionale Identität.

- Weißweine sind meist reinsortig und werden ebenfalls nach der Rebsorte benannt, sind eher selten von Holz geprägt, haben eine eingebundene Säure und gute Sortentypizität.

Friaul-Julisch Venetien:

- Weißweine sind meist reinsortig und werden nach den Rebsorten benannt, aber auch Verschnitte aus heimischen Rebsorten erleben derzeit eine Renaissance. Die Weine sind meist frisch und fruchtig mit gut eingebundener Säure, mittlerem Körper und von einem typischen Rebsortenprofil gezeichnet.

Venetien:

- Rotweine spannen ihr Spektrum von einfachen Tischweinen bis zu substanziellen, alkoholreichen Weinen. Die interessantesten Weine sind auch hier jene aus teilweise rosinierten Trauben. Sie können von trocken bis süß sein, besitzen eine mittlere bis tiefe Farbe, sind hoch im Alkohol, reichhaltig im Aroma und zeigen eine meist angenehme Bitterkeit.
- Weißweine sind häufig eher neutral, aber Soave Superiore kann durchaus sehr gut sein. Soave wird hauptsächlich aus Garganega-Trauben gekeltert, ist blumig, vollmundig und mit einem angenehmen, leicht bitteren Abgang. In Venetien gibt es auch eine lange Tradition bei Weinen, die zumindest teilweise aus getrockneten Trauben produziert werden. Sie tragen Bezeichnungen wie Reciotto, Torcolata, Passito oder Torchiato in ihren Namen. Diese süß-opulenten Weine sind goldgelb, eher hoch im Alkohol und protzen mit Aromen wie Blumen und Rosinen.
- Schaum- und Perlweine in Form von Prosecco, Spumante und Frizzante spielen mengenmäßig eine große Rolle. Diese leichten, unkomplizierten, meist im Tank vergorenen Schaum- bzw. Perlweine sind blass bis mittelblass in der Farbtiefe, trocken bis halbtrocken und ihre weiche Fruchtigkeit ist mit

dem Aroma von Mandeln versehen.

Piemont:

- Die hochwertigsten Rotweine aus der Region stammen von der Sorte Nebbiolo. Diese mächtigen, langlebigen Weine wirken meist wegen ihrer hohen Säure und ihres Tanningehalts in ihrer Jugend unnahbar. Eine mittlere Farbtiefe entwickelt relativ rasch ziegelrote Töne. Typische Aromen sind Safran, Lilien, Teer, Tabak, Trüffeln, Leder und rote Früchte wie Kirsche und Erdbeere, aber auch Pflaumen.

Toskana:

- Rotweine wie Chianti, Morellino di Scansano, Brunello di Montalcino, Vino Nobile di Montepulciano sind alle von der Traubensorte Sangiovese geprägt. Sie zeigen mittlere Farbintensität und eher rassige Säure, mittleren bis hohen Tanningehalt und Düfte nach Veilchen, kaltem schwarzen Tee, Kirschen und Pflaumen sind typisch.

Österreich

Niederösterreich:

- Rotweine sind meist reinsortig und nach der Rebsorte benannt. Die südlicheren Weinbaugebiete Carnuntum und Thermenregion produzieren regelmäßig die besten Exemplare, vor allem aus den Rebsorten Zweigelt und St. Laurent. Die Weine sind trocken, von mittlere Farbtiefe, purpur- bis rubinfarben, ausgeprägt fruchtig, haben leichten bis mittleren Körper und werden immer öfter in kleinen Eichenfässern ausgebaut.
- Weißweine sind meist reinsortig und nach der Rebsorte benannt. Lange im Vergleich mit internationalen Rebsorten unterschätzt, genießt die Hauptsorte Grüner Veltliner jetzt ihren wohlverdienten Platz im Mittelpunkt. Er zeigt eine blasse bis mittlere Farb-

Südsteirische Weißweine sind bekannt für ihre rassige Frische und Sortentypizität.

Romantische Kellergassen in Österreich sind beliebte Ziele der Weintouristen.

tiefe, Aromen von weißen und grünen Pfefferkörnern, Grapefruit und Tabakblättern. Er wird nur in seinen üppigsten Formen leicht von Holz geprägt und hat immer eine erfrischende bis rassige Säure.

Burgenland:

- Rotweine gibt es reinsortig und als Verschnitt. Die interessanteste regionale Rebsorte ist Blaufränkisch. Die Weine sind von mittlerer bis tiefer Farbintensität und purpur- bis rubinrot. Sie sind würzig, fruchtig, trocken, meist in kleinen Eichenfässern maturiert und besitzen mittlere bis volle Körper sowie mittleres bis kräftiges Tannin.
- Weißweine sind meist reinsortig und nach der Rebsorte benannt. Burgundersorten wie Pinot blanc (Weißburgunder), Chardonnay und Neuburger sind sehr empfehlenswert. Die Weine sind von blasser bis mittlerer Farbtiefe, werden mit und ohne Barrique ausgebaut, sind trocken, mit erfrischender Säure, eher vollem Körper und hohem Alkoholgehalt.
- Dessertweine, welche internationalen Ruhm erreichen konnten, gibt es in Form von Trockenbeerenauslese und Ausbruch. Sie sind von mittlerer Farbtiefe und goldgelb, vollmundig und lang am Gaumen mit balancierter Säure und ihr komplexes Bukett kann exotische Früchte, Honig, Rosinen und Blumen zeigen.

Steiermark:

- Weißweine sind meist reinsortig und nach den jeweiligen Rebsorten benannt. Die Region ist für Sauvignon blanc prädestiniert, aber Sorten wie Morillon

(Chardonnay), Gewürztraminer, Pinot gris (Ruländer) oder Pinot blanc (Weißburgunder) bringen ebenfalls hervorragende Ergebnisse. Die Weine werden selten von Holz geprägt, sind meist rassig, frisch und fruchtig mit angenehmer Würze und Mineralcharakter.

Spanien

Rioja:

- Rotweine sind hauptsächlich aus Tempranillo und etwas Grenache gemacht. Die Stilrichtung hat sich in den letzten Jahren etwas geändert und die Weine sind heute meist fruchtbetonter als von holzigen und erdigen Aromen dominiert. Die Weine sind von mitteltiefer Farbintensität, eher mild in der Säure und weich in der Textur.

Ribera del Duero:

- Rotweine sind hauptsächlich aus Tempranillotrauben, die hier Tinto Fino genannt werden, gekeltert. Die Weine sind mittel bis intensiv in der Farbtiefe, kräftiger und tanninreicher als jene aus dem Rioja.

Priorat:

- Rotweine sind vorwiegend aus Grenache mit etwas Carignan und klassischen französischen Sorten gemacht, die von extrem steilen und kargen Terrassen stammen. Die Weine sind intensiv in ihrer Farbtiefe, sehr mächtig, tannin- und alkoholreich.

Andalusien:

- Gespritete Weine, hier Sherry genannt, sind eine Spezialität aus der Region und werden in verschiedenen Stilen produziert, die von Florhefen und dem Ausbau im Solera beeinflusst werden. Manzanilla und Fino sind blass bis strohgelb und haben ein Aroma, das an Seetang oder Jod erinnert sowie delikate Mandelnuancen. Amontillado ist bernsteinfarben, leicht oxidiert, stärker im Alkohol und im Körper als der Fino und etwas weniger trocken und er erinnert eher an Haselnuss. Oloroso ist bernstein- bis mahagonifarben und stärker oxidiert als Amontillado, außerdem noch stärker im Körper und im Alkohol. Palo cortado kombiniert die Schärfe eines Amontillado mit der weichen Oxidation eines Oloroso. Pedro Ximénez ist von dunkler Mahagonifarbe bis braun, süß und mit einem ausgeprägten Rosinenduft versehen.

Portugal

Duoro:

- Gespritete Weine aus der geschützten Region Duoro heißen Port. Die vielen Portstile variieren in Ausbaumethoden und Verschnitten. Einfacher Ruby ist rubinfarben, süß, fruchtig und hoch im Alkohol. Höhere Qualitäten des Ruby Port wie Late Bottled Vintage und Quinta sind komplexer und haben mehr tiefe, pfeffrige und fruchtige Aromen und eine griffigere Struktur. Vintage Port ist aus einzelnen, sehr guten Jahrgängen, anstatt aus Verschnitten mehrerer Jahre gemacht und hat noch mehr Charakter als ein Late Bottled Vintage. Vintage Port ist sehr tief in der Farbe, manchmal violett, pfefferig, feurig und fruchtig, vollmundig und sehr tanninhaltig. Tawny Port ist bernsteinfarben und recht blass in der Farbtiefe. 10, 20, 30 und 40 Year Old Tawny sind Verschnitte zunehmenden Alters. Sie sind weich, nussig und süß.

Madeira:

- Gespritete Weine finden eine weitere große Heimat in Madeira. Es gibt grundsätzlich vier verschiedene Typen. Sercial ist blassgolden, erinnert an Nüsse und Karamell, ist trocken mit spitziger Säure, adstringierend und leicht im Körper. Verdehlo ist golden bis tief grünbraun, nach Karamell duftend, halbtrocken bis halbsüß mit einer balancierten bis rassigen Säure. Der Köper eines Verdehlo ist etwas schwerer als der des Sercial und sein Aromaprofil zeigt rauchige Komponenten sowie leichten Honig. Bual Madeira ist mittel- bis dunkelbraun, komplexer als Verdehlo, im Aroma mit ausgeprägten Rauchtönen, Rosinen und Karamell; süßer im Geschmack. Malmsey ist dunkelbraun mit olivgrünen Reflexen, dickflüssig, sehr süß und besitzt eine große Lagerfähigkeit.

Deutschland

Mosel-Saar-Ruwer:

- Weißwein aus der anspruchsvollen Sorte Riesling findet Bewunderung in der Weinwelt. Leichtigkeit und Fragilität werden mit Tiefe und Langlebigkeit in unnachahmbarer Weise kombiniert. Die Weine sind sehr blass mit ausgeprägtem Pfirsicharoma, rassiger, strahlender Säure und zart anhaftender Fruchtsüße. Die faszinierende Leichtigkeit und das Süße-Säurespiel werden auch bei den selteneren Trockenbeerenauslesen weitergeführt.

Rheingau:

- Weißwein wird auch hier reinsortig aus Riesling produziert, aber in einer anderen, etwas festeren Struktur als im Mosel-Saar-Ruwer-Gebiet. Es gibt derzeit einen Trend zu trockenen Weinen mit mittlerem Alkoholgehalt. Die Weine zeigen Steinobstaromatik und viel Mineralität. Sie sind intensiv und lang im Mund. In guten Jahrgängen werden auch ausgezeichnete Dessertweine produziert.

Schweiz

- Weißweine aus der Schweiz sind sehr gut, aber werden von ihren Einwohnern so geschätzt, dass sie selten einen Weg über die Grenzen finden. Chasselas (auch Gutedel, Fendant, Dorin, Terravin und Perlan bezeichnet) ist die beliebteste Sorte.

Klima und Tradition prägen die Weine Portugals.

Kalifornien

- Rotweine aus Kalifornien werden aus vielen verschiedenen Sorten in zahlreichen Stilrichtungen produziert. Die feinsten Weine sind aus Cabernet Sauvignon, etwas üppiger, fruchtiger und weniger trocken als Weine aus dem Bordeaux. Schwarze Johannisbeere und Minze werden in einer samtigen Textur eingepackt. Ihre Qualität reicht, wie im Bordeaux, von einfachen Tischweinen bis hin zu den besten trockenen Rotweinen der Welt.
- Weißweine aus Kalifornien sind hauptsächlich aus Chardonnay gemacht, ihre üppige Frucht wird stark von Röstaromen geprägt. Traditionellerweise sind die Weine strohgelb mit mittlerer Farbintensität, trocken bis halbtrocken mit Aromen wie Melone, Apfel, Butter und Vanille und sehr hohem Alkoholgehalt. Es gibt derzeit einen Trend hin zu leichten eleganten Weinen.

Australien

- Rotweine aus diesem großen Kontinent sind schwierig unter einen Hut zu bringen. Der in Europa als typisch australischer Rotwein bezeichnete ist aus Shiraz (Syrah) gekeltert und tief-dunkel in der Farbe, mit Aromen von reifen Brombeeren, Schwarzkirschen, Vanille, Lakritze, Minze und dunkler Schokolade. Im Vergleich zu den Weinen aus dem nördlichen Rhônetal ist das Tannin weicher und süßer.
- Schaumweine: Australien hat die etwas exzentrische Tradition, rote Schaumweine zu produzieren. Sparkling Shiraz wird nicht nur aus Syrah, sondern auch aus Cabernet Sauvignon, Merlot und anderen Rotweintrauben produziert. Sie sind kräftig in Farbe und Tannin und besitzen etwas Restsüße.

Neuseeland

- Rotweine aus Pinot noir haben Neuseeland einen guten Ruf gebracht. Die Weine zeigen typische Merkmale eines kühleren Klimas mit eher rassiger Säure und leicht vegetalen Nuancen, die aber von tiefer roter Beerenfrucht und einer seidigen Struktur gut balanciert werden.

- Weißweine aus Sauvignon blanc haben die Weinwelt erstmals auf das Land aufmerksam gemacht und sie haben durchaus einen eigenständigen, erkennbaren Stil. Sie kombinieren vollreife Stachelbeeren und manchmal tropische Früchte mit grünem Paprika, Katzenurin und einem Hauch Petroleum.

Weinfehler

Dem Thema Weinfehler werden ganze Bücher gewidmet. Für Winzer wird das Buch Weinfehler von Reinhard Eder u. a. empfohlen, um diese Fehler zu vermeiden, zu identifizieren und zu korrigieren. Im Rahmen des vorliegenden Buches wird nur auf Fehler von bereits abgefüllten Weinen, deren Entstehungsursachen und auf die sensorischen Merkmale, anhand derer man sie identifizieren kann, eingegangen. Glücklicherweise kommen Weinfehler in Qualitätsweinen heute nur selten vor, da viele bereits durch staatliche Kontrollen oder betriebsinterne Qualitätsmanagementsysteme abgefangen werden, bevor sie überhaupt den Markt erreichen.

Aus folgenden Gründen entsteht manchmal unbegründet Verdacht auf Fehler:

- **Sichtbare Kohlensäure in einem Stillwein.** Nicht nur Schaumweine enthalten Kohlensäure, manchmal haben Stillweine noch etwas Restkohlensäure, die von der Gärung stammt. Bei Jungweinen und Weißweinen kommt dies eher vor als bei Rotweinen und Altweinen. Meistens ist diese Kohlensäure kaum sichtbar und ist höchstens an der Glasinnenseite oder in Augenhöhe direkt unter der Weinoberfläche bemerkbar. Während Kohlensäure in einem reifen, tanninhaltigen Rotwein eher als Hinweis auf eine unerwünschte Nachgärung oder biologischen Säureabbau in der Flasche zu sehen ist, ist sie bei

Weiß- und Roséweinen oder sogar bei manchen leichten, einfachen Rotweinen nicht unbedingt als Fehler zu betrachten. Die Restkohlensäure kann etwas Frische und Spritzigkeit verleihen.

- **Depot.** Zusätzlich zu Weinstein (siehe unten) können Rotweine im Laufe der Flaschenlagerung Polymerisationskomplexe von Tannin und Anthocyanen ausscheiden. Dieser Polymerisation kann zwar durch starke Filtration und durch andere Maßnahmen vorgebeugt werden, aber es sind genau diese Stoffe, die ein komplexes Bukett eines reifen, feinen Weines bilden. Eine Flasche mit Depot soll beim Servieren sorgfaltig behandelt und eventuell dekantiert werden.
- **Korkteilchen.** Kleine Korkteilchen, die auf der Weinoberfläche schweben, sind kein Weinfehler und können problemlos entfernt werden.
- **Weinstein:** Kristalle werden vor allem manchmal in Weißweinen oder gespriteten Weinen entdeckt. Diese stammen von Kaliumsalzen der Weinsäure, welche während eines plötzlichen Temperaturabfalls oder auch manchmal einfach durch eine lange Flaschenlagerung auskristallisieren kann und hat keinen Einfluss auf das Weinaroma. Manchmal werden Weine vor der Flaschenabfüllung bis auf Minusgrade abgekühlt, um das vorzeitige Ausscheiden von Kaliumtartraten zu fördern. Liebhaber von Altweinen freuen sich über Weinstein als Zeichen von Reife und Komplexität.

Es gibt ein paar Fehler, die man trotz staatlicher Kontrollen doch ab und zu in Flaschenweinen antrifft. Trübungen, die nicht auf Depot oder Weinstein zurückzuführen sind, sondern sich durch schleierartige Flocken oder Fäden zeigen und im schlimmsten Fall einen sehr dickflüssigen und zähen Wein bilden, stammen von mangelnder Hygiene und mikrobiologischer Aktivität und machen auch noch durch einen ekelerregenden Geruch auf sich aufmerksam. Gravierende Fehler dieser Art sind auf dem Qualitätsweinmarkt kaum zu finden. Die restlichen Fehler zeigen sich hauptsächlich durch einen unappetitlichen Geruch, der auf dem Gaumen bestätigt wird.

- **Brettanomyces** ist eine auf Trauben, im Wein und Fässern vorkommende Hefegattung. Ihr Einfluss auf die sensorische Wirkung eines Weines ist auf geringen Schwefeleinsatz oder mangelnde Hygiene während der Kelterung zurück zuführen. Oft einfach als „Brett" bezeichnet, ist dieser einzellige Pilz verantwortlich für die Entstehung von 4-Ethylphenolen, 4-Ethylguiaconol und 4-Vinylphenolen, die wiederum Aromen wie Pferdestall, Bauernhof, ein Ledersattel nach einem langen Ritt, rauchige Gewürze oder Heftpflaster hervorrufen können. Wie bei anderen Gerüchen haben Verkoster unterschiedliche Wahrnehmungs- und Erkennungsschwellen. In ihrer leichten Form werden diese Gerüche oft als angenehm empfunden und wirken vorteilhaft auf die Komplexität eines Weines, aber in starker Ausprägung in der sie alle anderen Aromen völlig verdrängen, wird „Brett" als Fehler genannt.
- **Flüchtige Säuren** sind die Gesamtheit von Säuren, die sich durch Destillation vom Wein trennen lassen. Eine geringe, sensorisch nicht wahrnehmbare Menge an Essigsäure ist immer im Wein vorhanden und ist ein natürliches Nebenprodukt der alkoholischen Gärung. Aecetobakterien können jedoch eine Reaktion zwischen dem Alkohol und Sauerstoff herbeiführen und einen noch höheren Anteil an Essigsäure verursachen. Essigsäure kann wiederum mit Äthanol reagieren und Äthylacetat produzieren. Ein essigartiger Geruch wird im Wein nie toleriert und auch am Gaumen noch scharf, dünn, sauer und kratzig empfunden. Äthylacetat wiederum wird bis zu einem

gewissen Grad in Rotweinen und botrytisierten Weinen akzeptiert und als ein Aspekt der Komplexität empfunden. Der Geruch von Äthylacetat kann an Nagellackentferner und Superkleber erinnern und wird im Übermaß auch als Fehler bezeichnet.

- **Korkgeschmack** ist bei weitem der meist verbreitete Fehler von Flaschenweinen. Korkstoppel wird während der Produktion mit Chlor gereinigt. Chlor reagiert mit Phenolen im Kork und bildet Trichlorphenol, welches wiederum durch im Kork natürlich vorhandene Pilze in Trichloranisol (TCA) verwandelt wird. TCA scheint die Hauptursache für „korkende" Weine zu sein, aber auch ohne Chlorbehandlung können Pilze im Kork ein schimmeliges, „korkendes" Aroma herbeiführen. Weiters kann Wein auch durch verseuchte Holzfässer oder gar Weingutgebäude oder Holzpaletten mit Schimmeltönen angesteckt werden. Bei starker Ausprägung weist der Wein einen muffigen, schimmeligen, manchmal chlorartigen Geruch auf. In seiner weniger markanten Form wird die Frucht des Weines unterdrückt und der Wein hinterlässt ein kratziges Gefühl im Rachen.
- **Mäuseln** ist ein äußerst unangenehmer Weinfehler, der durch die Produktion von Acetyltetrahydorpyridines von Brettanomyces und Milchsäurebakterien verursacht wird. Der unangenehme Geruch von Mäuseurin und Popcorn intensiviert sich auf dem Gaumen, wird oft von einer beißenden, metallischen Bitterkeit begleitet und besitzt eine beunruhigende Dauerhaftigkeit.
- **Oxidation** wird von übermäßigem Kontakt mit Sauerstoff verursacht. Polyphenoloxidasen sind Enzyme, die sich entweder in Trauben oder in Schimmelpilzen (Botrytis cinerea) befinden, die Oxidation von Traubensaft herbeiführen, was jedoch relativ einfach zu kontrollieren ist. Als Weinfehler

spricht man meist von Oxidation, die in chemischer oder mikrobiologischer Form während oder nach der Fermentation geschieht. Bei der chemischen Oxidation wird Sauerstoff vom Wein aufgenommen und reagiert in Folge mit Phenolen und verursacht chemische oder biochemische Veränderungen. Mikrobiologische Oxidation ist durch Bakterien während der chemischen Oxidation verursacht. Sensorisch betrachtet führt Oxidation zu frühzeitigen Brauntönen und Leuchtkraftverlust, unterdrückter Frucht und einem Geruch ähnlich gebräunten Apfelschalen.

- **Sulfide und Mercaptane** sind die Stoffe, die für den Fehler, der im Volksmund Böckser genannt wird, verantwortlich sind. Sulfide sind Verbindungen von Schwefel mit Wasserstoff oder Metallen die bei der Weinbereitung natürlich entstehen. Da sie sehr flüchtig sind, können sie durch einfache Belüftung dem Wein enthoben werden. Bleibt der unangenehme Geruch nach faulen Eiern vom Winzer unbemerkt, können sich komplexere Schwefelverbindungen wie Mercaptane bilden. Diese verursachen sehr unappetitliche Gerüche wie verbrannter Gummi, Dünger, Stinktier oder ranziger Knoblauch sowie ausgeprägte Bitterkeit und übermäßige Adstringenz.

Wein und Speisen

Essen ist natürlich zum Überleben notwendig. Wenn wir aber über Speisen sprechen, handelt es nicht mehr um die reine Überlebensfunktion der Nahrung, sondern um den Genuss, der im Laufe der zivilisatorischen und kulturellen Entwicklung immer mehr mit dem Essen verbunden wurde. Wein ist dazu gemacht, um aus Essen eine Speise zu machen. Auch die einfachsten Lebensmittel können durch Wein zu einem sinnlichen Genuss werden, und umgekehrt verhelfen Speisen Wein zu einer weiteren Dimension. Durch eine Flasche Wein kann ein Festmahl entstehen.

Viele Weinbücher haben lange Listen oder Tabellen von Gerichten und Weinen, die man kombinieren soll. Diese Listen folgen oft altbekannten Regeln, die aber kontraproduktiv wirken können. Erstens gibt es in dieser sehr aufregenden Zeit multikulturellen Austausches von Zutaten und Zubereitungsmethoden für fast jedes Gericht zahlreiche Variationen. Zweitens soll das Kombinieren von Wein und Speisen das Genusserlebnis steigern und die Lebenslust und Experimentierfreude wecken und nicht mit Hemmungen und starren Regeln belastet werden. Wein bietet alle fünf Geschmacksrichtungen – süß, sauer, salzig, bitter und umami – sowie ein sehr breites Spektrum an Duftkomponenten an und ist dadurch das ideale Getränk zu zahlreichen Speisen. Für das Kombinieren von Farbe, Geruch, Geschmack und Textur von Weinen und Speisen hat man unzählige Möglichkeiten, und es gibt zwei Basisstrategien: Ähnlichkeit und Kontrast. Der Clou an der Sache ist, dass man durch die einfache Nachregelung der fünf Geschmacksrichtungen, der Textur und des Körpers oder der Dynamik erreichen kann, dass fast jede Speise zu fast jedem Wein passt.

Man sollte bedenken, dass das erfolgreiche Kombinieren von Wein und Speisen sehr subjektiv ist. Im Grunde kann nicht viel schief gehen, wenn man sein Lieblingsessen und seinen Lieblingswein vor sich hat. Um die Experimentierfreude zu animieren, braucht man lediglich Süße, Säure, Salz, Bitterkeit, Umami, Textur und Dynamik zu betrachten. Folgende Anhaltspunkte sind nur Vorschläge, die einem breiten Publikum am besten gefallen.

Süße

Adaption an Süße passiert relativ rasch und alles, was danach verkostet wird, Weine oder Speisen, die weniger süß sind, lassen den Unterschied krasser wirken als er in Wirklichkeit ist. Man kann deshalb davon ausgehen, dass eine süße Speise mit einem trockenen, säurereichen Wein bei der Mehrheit der Menschen keine große Freude hervorrufen wird. Umgekehrt kann ein botrytisierter Süßwein mit einem scharfen, salzigen Käse ein wunderbares Erlebnis sein. Meistens ist aber Harmonie statt Kontrast gefragt. Die Süße einer Nachspeise soll mit der Restsüße des begleitenden Weines ziemlich übereinstimmen und ein halbtrockener Wein verlangt auch nach etwas Süßem in der Speise. Viele asiatische Zutaten wie Hoisin Sauce, Nuoc Cham oder Teriyaki Sauce können die erwünschte Süße zu Fleisch, Meeresfrüchten oder Gemüse bringen. Aus manchen traditionellen europäischen Saucen können interessante Spiele mit Früchten oder Trockenfrüchten gemacht werden, um zu Harmonie zu gelangen.

Säure

Säurereiche Weine wie Riesling, Sauvignon blanc oder Schaumweine brauchen Salz und Säure im Essen und passen wunderbar zu Ziegenkäse, roh mariniertem Fisch, reifen Tomaten oder Gerichten mit Zitrusfrüchten. Säure im Wein verlangt nach einer ähnlichen Säure im Gericht, was den Wein milder und voller erscheinen lässt. Zuviel Säure, wie sie zum Beispiel in manchen Vinaigretten enthalten ist, addiert sich jedoch mit säurereichen Weinen unangenehm. Das ist mit umamihaltigen Zutaten wie Parmesan, Schwammerln,

gerösteten Croutons oder Nüssen, Fleisch, Geflügel oder Meeresfrüchten leicht zu adjustieren. Man kann auch an Stelle von gewöhnlichem Essig Balsamico, Sherry, Apfelmost oder Fruchtsaft verwenden. Frittierten und fetten Speisen wie Tempura, gebackenen Champignons oder Schweinebraten bekommt die Erfrischung durch einen rassigen Wein sehr gut.

Salz

Leicht salzige, zarte Weine wie Manzanilla, Fino Sherry und manche andere hochwertige, mineralische Weißweine wie etwa Chablis lieben Salzwasserfische, Muscheln und andere in Lake konservierte oder proteinreiche Speisen wie Chips, Oliven oder Nüsse. Tanninreiche Rotweine passen gut zu salzigen, vollmundigen, proteinreichen Speisen. Beobachten Sie zum Beispiel wie ein junger, harter Barolo durch die Begleitung eines gut gereiften Parmesans plötzlich weicher und runder wird.

Bitterkeit

Ein bitterer Geschmack im Wein oder Essen braucht Kontrast. Weine mit etwas Bitterkeit oder jungem, adstringierenden Tannin werden weicher, fruchtiger und gewinnen sehr mit vollmundigen, proteinreichen Speisen. Bittere Speisen wie Radicchio, Chicoree oder stark über Holz gegrilltes Fleisch brauchen auch „fette“ körperreiche Weine. Bitterstoffe in Speisen und viel Tannin im Wein sind für die meisten Menschen eine bittere Enttäuschung.

Umami

Nur komplexere, gereifte Weine haben das mundfüllende, wohlschmeckende Umami. Mit diesen Weinen ist Harmonie statt Kontrast die sicherste Strategie. Am besten wählt man eher einfache, milde, edle Speisen, die die zu erwartende Geruchskomponente des Weines widerspiegeln. Speisen, die von Umami geprägt werden, scheinen alle Geschmäcker des Weines zu intensivieren, deshalb wählt man einen Wein, der in sich recht harmonisch ist und auch mit den anderen Komponenten des Gerichts harmonisiert.

Textur und Körper
Auch hier ist Ähnlichkeit zwischen Wein und Speise gefragt. Herzhafte, reichhaltige Gerichte werden am besten mit vollmundigen Weinen gepaart. Delikate, subtile Gerichte brauchen auch zarte Weine, meist ohne Einfluss vom Eichenfass.

Dynamische Pfefferschoten
Capsaicin ist der Stoff, der in allen Arten von Pfeffer- und Chilischoten enthalten ist, der das Gefühl von Hitze vermittelt. Junge, frische, fruchtige Weine ohne Holzprägung sind am besten dazu zu kombinieren und wenn der Wein noch dazu nieder im Alkohol ist und etwas Restsüße besitzt, kann man wirklich einen schönen, harmonischen Kontrast bilden.

Alte Regeln verwerfen

Es kursieren noch viele alte Regeln, die fast jeder einmal gehört hat, aber man sollte sich den Spaß an Weinen und Speisen nicht so einfach einschränken lassen. Diese Regeln hatten vielleicht vor zwanzig Jahren noch ihre Berechtigung, aber heute wird mit einer viel größeren Auswahl an Zutaten und Zubereitungsmethoden gekocht. Oft verlangt das Gericht nach etwas ganz Untraditionellem oder man will einen bestimmten Wein unbedingt dazu trinken. Was passiert, wenn man die Regeln nicht befolgen möchte? Ganz einfach, man bricht sie!

- **Weißwein zu hellem Fleisch?**
  Mit einer herzhaften, kräftigen oder mit Rotwein zubereiteten Sauce passt zu hellem Fleisch auch Rotwein.
- **Rotwein zu dunklem Fleisch?**
  Ein gehaltvoller Weißwein, der in kleinen Eichenfässern fermentiert wurde, ist eine passende Alternative.
- **Weißwein zu Fisch?**
  Jeder weiß, dass Rotwein-

tannin einen Fisch metallisch schmecken lässt und der Fisch Tannin unbarmherzig hart macht. Nimmt man einen Rosé oder einen leichten fruchtigen Rotwein, der nicht im Barrique gelagert wurde, ist Fisch und Rotwein ohne Bedenken eine angenehme Möglichkeit. Fügt man dem Fisch umamihaltige Zutaten wie Pilze oder getrocknete Tomaten bei oder serviert ihn mit einer mit Butter montierten Rotweinsauce, kann ein leicht gekühlter Beaujolais oder Blauburger gerade ideal dazu sein.

- **Junge vor älteren und leichte vor gehaltvollen Weinen?**
  Manchmal verlangt die Speisenfolge oder die Laune etwas anderes. Man sollte keine Hemmungen haben, eine leicht maturierte Gewürztraminer-Spätlese zu einer Gänseleber vor dem Gang mit Fisch und einem jungen, spritzigen Weißwein zu genießen.
- **Trockene vor süßen Weinen?**
  Es gibt einige Länder, in denen es sogar Tradition ist, einen Süßwein als Aperitif zu trinken. Auch hier sollte man sich nach der Speisenfolge oder dem persönlichen Geschmack richten.
- **Weißweine vor Rotweinen?**
  Ein Süßwein wie eine Trockenbeerenauslese kann natürlich nach einem Rotwein zur Nachspeise serviert werden. Es ist auch in manchen Kreisen Mode, nach dem großen, festlichen Mahl, leichte, spritzige, alkoholarme Weißweine zu trinken, anstatt mit einem schweren, gehaltvollen Rotwein den Abend ausklingen zu lassen. Warum auch nicht?
- **Einfache Weine vor großen Weinen?**
  Es ist das Schicksal der großen Weine, erst dann ser-

Das Kombinieren von Weinen und Speisen soll von Freude, nicht von Hemmungen und starren Regeln bestimmt sein.

Durch eine Flasche Wein kann ein einfaches Essen zu einem Festmahl werden.

viert zu werden, wenn man schon langsam satt und weniger aufnahmefähig ist. Wenige Weinliebhaber würden wegen dieser Regel ein Glas Champagner vor dem Essen ablehnen. Es wäre erfrischend, diese Regel einmal umzudrehen.

- **Kein Wein zu Salat?**
Salate sind nicht mehr ein erfrischendes Zwischengericht, das nur aus ein paar grünen Blättern in Vinaigrette besteht. Salate enthalten Kräuter, geröstetes Gemüse, Früchte, Croutons, Käse, Nüsse, Pilze, Fleisch, Geflügel, Fisch und Meeresfrüchte. Marinaden werden auch nicht mehr so sauer zubereitet wie früher. Es gibt keinen Grund, sich bei Salat den Wein zu versagen.

- **Gleicher Wein wie im Gericht?**
  Wein von guter Qualität ist in der Küche vielseitig verwendbar und der alten Regel nach soll man den gleichen Wein trinken, mit dem man das Gericht vorbereitet hat. Während des Kochens konzentriert sich der Wein jedoch stark und fordert so einen gehaltvolleren Wein als Begleitung zum Trinken. Außerdem ist Wein oft nur eine von vielen Zutaten.

Praktische Übung

Mit dieser lustigen Übung kann man in legerer Atmosphäre mit Freunden oder Kollegen erfahren, wie man verschiedene Gerüche, Geschmäcke und Texturen von Wein und Speisen kombinieren kann. Es gibt keine Regeln und sie erfahren vielleicht das eine oder andere Aha-erlebnis.

Benötigt wird

- bis zu 7 gleichgesinnte Personen
- 1 pochierte Hühnchenbrusthälfte pro Person
- 1 Zitronenspalte pro Person
- Getrocknete-Tomaten-Sauce (Rezept auf Seite 114)
- Salsa Verde (Rezept auf Seite 114)
- Mango-Chili-Sauce (Rezept auf Seite 114)
- Apfel-Balsam-Sauce (Rezept auf Seite 115)
- Pfeffer, Salz, Feinkristall Zucker
- 1 Flasche junger Grüner Veltliner Federspiel oder Kabinett
- 1 Flasche halbtrockener Riesling oder Zierfandler
- 1 Flasche Beaujolais oder Zweigelt (nicht im Barrique gereift)
- 1 Flasche Cabernet Sauvignon
- 4 Gläser, ein Teller und Besteck pro Person

Übungsvorgang

Die Hühnchenbrusthälfte in mundgerechte Scheiben schneiden, fächerförmig auf einem Teller anrichten, dazu vier kleine Schalen mit den verschiedenen Saucen auf dem Teller platzieren, Zitronenspalte in die Mitte zur Garnierung. Servieren Sie dieses Gericht zusammen mit je einem Glas der vier verschiedenen Weine. Probieren Sie jeden Wein mit den unterschiedlichen Saucen, geben Sie etwas Zitronensaft, Pfeffer, Salz oder Zucker dazu, wenn etwas nicht so harmoniert, wie Sie es sich vorstellen. Probieren und diskutieren Sie, was zusammenpasst und was nicht. Wie sehr weichen die verschiedene Vorlieben ab? Viel Spaß mit Wein und Speisen!

Rezepte
Alle Rezepte außer dem Mango-Chili-Senf stammen von Chef John Ash aus Sonoma County, Kalifornien.

■ Getrocknete-Tomaten-Sauce
3/4 Tasse getrocknete Tomaten in Öl, abgetropft und in Streifen geschnitten
1 1/2 Tassen Hühner- oder Gemüsefond
2 EL Soja-Sauce
1 1/2 EL Worcestershire
1/3 Tasse Schalotten, fein gewürfelt und gedünstet
1/2 Tasse kaltgepresstes Olivenöl
Salz und Pfeffer

Alle Zutaten mischen und sämig pürieren. Mit Salz und Pfeffer abschmecken.

■ Salsa Verde
1 Tasse Petersilie, grob gehackt
4 Sardellenfilets
2 EL Kapern
2 EL gebratenen Knoblauch
2 EL Basilikum oder Minze
1 EL Zitronenzeste, fein gerieben
2/3 Tasse kaltgepresstes Olivenöl
Salz, Pfeffer

Petersilie, Sardellenfilets, Kapern, Knoblauch, Basilikum und Zitronenzeste mit dem Mixstab pürieren. Olivenöl nach und nach während des Mixens dazugeben bis eine weiche, feuchte Paste entsteht.

■ Mango-Chili-Senf
1 kleine grüne Mango, pochiert und grob gehackt
1 Zwiebel, fein gehackt
4 frische rote Chilis, entkernt und gehackt
1 TL Currypulver
1/2 TL Kurkuma gemahlen

2 TL Salz
1 1/2 Tassen Weißweinessig
4 EL Senfpulver in 4 EL Weißweinessig eingerührt

Die Mango mit Zwiebeln, Knoblauch, Chilis, Curry, Kurkuma, Salz und Essig in einen Topf geben und unter gelegentlichem Rühren zehn Minuten köcheln lassen. Das Senfpulver dazu geben, wieder kurz aufkochen lassen und danach abkühlen.

■ Apfel-Balsam-Sauce

2 EL Butter
1 EL Olivenöl
1/4 Tasse Jungzwiebel, fein geschnitten
1/4 Tasse Champignon, klein geschnitten
1/4 Tasse Apfel-Honig-Essig
2 Tassen Hühnersuppe
1 Tasse Schlagobers
1/2 Tasse Birne oder Apfel, geschält, entkernt und klein geschnitten
2 TL frischer Estragon, klein gehackt
Salz und Pfeffer

In einer schweren Saucenpfanne Butter und Öl bei mittlerer Hitze erwärmen. Zwiebel und Champignon hellgolden sautieren. Essig und Brühe zugeben und über kräftiger Hitze für fünf Minuten reduzieren. Absieben und Flüssigkeit zusammen mit dem Obers zurück in die Pfanne geben. Reduzieren, bis eine sämige Konsistenz erreicht wird und Obst, Estragon, Salz und Pfeffer dazugeben.

GLOSSAR

Äthanol
Alkohol, der bei der Vergärung des im Traubensaft enthaltenen Zuckers durch Hefen entsteht.

Acetobakterien
Unerwünschte Bakterien, die Wein in Essig verwandeln können.

Anthocyane
Pigmentierte Tannine, die von den Schalen der Rotweintrauben stammen.

Aromarad
Eine grafische Darstellung von Begriffen der Weinansprache, die sich auf den Geruch von Wein beziehen. Ursprünglich von der Professorin Noble an der Universität Kalifornien in Davis entwickelt, wurde es öfter übersetzt und neu interpretiert. Es ist ein sehr gutes Werkzeug, Degustationsbegriffe für die Aromabeschreibung greifbar zu machen.

Äthylacetat
Ein Ester, der durch Reaktionen zwischen Essigsäure und Äthanol gebildet wird. In mäßiger Konzentration trägt er zum fruchtigen Aroma junger Weine bei. In höheren Konzentrationen wird er zunehmend flüchtig und kann einen Essigsäurestich verursachen.

Ausbruch
Österreichische Prädikatsbezeichnung für einen stark botrytisierten Wein mit einem Mindestmostgewicht von 27° KMW (138° Oe).

Autolysis
Fortschreitender Abbau abgestorbener Hefen in Schaumweinen vor dem Degorgieren.

Barrique
Eichenfass mit einem Fassungsvermögen von 225 Litern.

Botrytisiert
Mit Edelfäule (Botrytis cinerea) befallen. Werden Weinbeeren zum richtigen Zeitpunkt von Botrytis befallen, schrumpfen sie rosinenartig. Aus dem süßen,

konzentrierten Saft werden noble Süßweine produziert.

Brettanomyces
Eine natürlich vorkommende Hefegattung, die während der Kelterung meist als unerwünscht gilt. Sie kann aber in minimalem Ausmaß einem Rotwein Komplexität verleihen.

Degorgieren
Entfernung des Hefedepots aus dem Flaschenhals bei der Schaumweinerzeugung nach traditioneller Methode.

Flavonoide
Polyphenole, die für Farbe, Adstringenz, Bitterkeit und Textur im Wein mitverantwortlich sind.

Florhefe
Gewünschte Hefeart in der Sherryproduktion. Bildet eine teppichartige Oberfläche auf Fino und Manzanilla, schützt sie vor Oxidation und verleiht diesen Weinen ihr typisches Aroma.

Kohlensäuremaischung
Fermentationsmethode, bei der ganze Trauben innerhalb der Traubenschale in einer kohlensäuregesättigten Umgebung die alkoholische Gärung beginnen. Bei dieser Vinifikationsmethode für Rotwein wird viel Frucht und Farbe und wenig Tannin gewonnen und sie ist für jung zu konsumierende Weine geeignet.

Malolaktische Gärung
Scharfe Apfelsäuren werden durch Bakterien in mildere Milchsäuren verwandelt. Diese Vinifikationsmethode wird bei fast allen Rotweinen und manchen Weißweinen verwendet.

Mercaptane
Faul riechende chemische Verbindungen, die von Schwefelwasserstoffverbindungen stammen und Weinfehler verursachen.

Mousseux
Kohlensäure in einem Schaumwein.

Mouthfeel Wheel
Greift in der Weinsensorik die Idee des Aromarades für die Begriffe des Tastsinns im Mund

auf. Wurde von dem Australian Wine Research Institute entwickelt.

Phenole
Bioaktive Substanzen wie Tannin und Anthocyane, die von Traubenschalen, -kernen und -kämmen stammen.

Polymerisation
Verbindung von Anthocyanen und Tannin zu langkettigen Molekülen.

Solera
Ein für Sherry benütztes System zum Verschneiden des im Holzfass gelagerten Weins aus mehreren Jahrgängen über lange Zeiträume hinweg.

Tannin
Phenole, die von Traubenschalen, -kernen und -kämmen, aber auch zum Teil von Holzfässern stammen. Spielen eine zentrale Rolle in der Textur und Struktur eines Rotweins.

TBA
Kurzbezeichnung für Trockenbeerenauslese, eine Prädikatsbezeichnung für Dessertweine, die aus komplett botrytisierten, geschrumpften Weinbeeren gemacht werden.

TCA
Kurzbezeichnung für Trichloranisol, der Hauptverursacher von korkenden, fehlerhaften Weinen.

Umami
Japanischer Ausdruck für die fünfte Geschmacksrichtung, die von Aminosäuren hervorgerufen wird.

VDN
Eine Kurzbezeichnung für Vin Doux Naturel, eine französische Bezeichnung für gespritete Weine.

LITERATURVERZEICHNIS

Bartoshuk, L.M., Comparing sensory Experiences Across Individuals: Recent Psychophysical Advances Illuminate Genetic Variation in Taste Perception, Chemical Senses 25:447-460 (2000)

Bartoshuk, L.M., The biological basis of food perception and acceptance, Food Quality Preference 4:21-32 (1993)

Delteil, D., Utilisation de tanins oenologiques sur les raisins et les vins rouges méditerranéens. Revue Française d'Oenologie, 181, 20-22 (2000)

Eder, R., Weinfehler, Österreichischer Agrarverlag (1999)

Gawel, R., Oberholster, A. und Francis, I.L., Mouthfeel Wheel: Terminology for Communicating the Mouthfeel of Red Wine, Australian Journal of Grape and Wine Research, 6 (3), 2003-207 (2000)

Hatt, H., Immer der Nase nach: Molekulare Grundlagen des Riechens, Rubin 6/96 (1996)

Noble, A.C., Arnold R.A., Buchenstein, J., Leach, E.J., Schmidz, J.O. und Stern, P.M., Modification of a standardized system of wine aroma terminology, American Journal of Enology and Viticulture 38/2 (1987)

Peynaud, E., The Taste of Wine: the Art and Science of Wine Appreciation, The Wine Appreciation Guild (1987)

Robinson, J., Oxford University Press, The Oxford Companion to Wine, (1994, 1999)

Schneider, V., Zur Beurteilung des Tannins der Rotweine und seiner Adstringenz, Oenologisches Institut, Bingen (1998)

Schuster, M., Essential Wine Tasting, Mitchel Beazley (2000)

Smith, D.V., Margoloskee, R.F., Making Sense of Taste, Scientific American 03/2001 (2001)